AF312651

PHOTOGRAPHIE DES COMMENÇANTS

PAR

H. DE LA BLANCHÈRE

AMYOT ÉDITEUR.
Rue de la Paix. 8. Paris.

LA

PHOTOGRAPHIE

DES

COMMENÇANTS

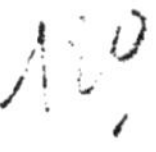

PARIS. — IMPRIMERIE DE CH. LAHURE
rue de Fleurus, 9

LA

PHOTOGRAPHIE

DES COMMENÇANTS

PAR

H. DE LA BLANCHÈRE

Président de la Société du Progrès de l'Art industriel ;
Président de la Section de Photographie de la Société libre des Beaux-Arts ;
Peintre et Photographe; Membre de l'Académie nationale, de la Société française de Photographie;
Délégué à l'Exposition universelle de Londres, 1862, par S. E. le Ministre du Commerce ,
de l'Agriculture et des Travaux publics.

Le trop d'expedients peut gâter une affaire :
On perd du temps au choix, on tente, on veut tout faire;
N'en ayons qu'un, mais qu'il soit bon.

LA FONTAINE.

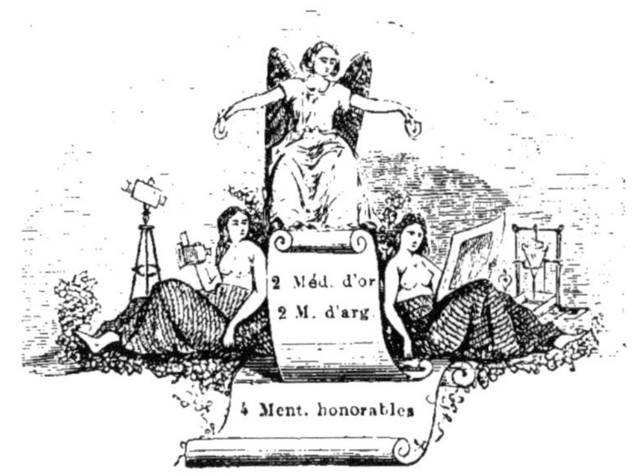

PARIS

AMYOT, ÉDITEUR, 8, RUE DE LA PAIX

1863

Tous droits réservés

LA PHOTOGRAPHIE

DES COMMENÇANTS.

PRÉLIMINAIRES.

1. — Écrire pour vous, ami lecteur qui désirez apprendre la photographie, un livre clair, concis et élémentaire n'est point, comme il paraît, une tâche facile. Je voudrais pour un peu vous renvoyer à des ouvrages analogues antérieurs, mais il n'en existe pas. Je suis donc porté à en essayer un, vaille que vaille ; car le difficile n'est pas de le faire complet, mais bien de l'écrire clair.

2. — Il n'est pas nécessaire que je vous prenne par la main et que je me fasse suivre par vous dans les réduits les plus obscurs de la science ; il suffit que je vous entr'ouvre la porte, même à un battant ; l'essentiel est que vous soyez entré. Vous marcherez assez tout seul, une fois le premier pas franchi. Et si, dans mon petit livre élémentaire, je ne vous ai pas tout fait voir, vous aurez un pied dans le domaine scientifique, c'est tout ce qu'il faut pour que, de votre propre mouvement, vous y mettiez l'autre, et marchiez à de nouvelles découvertes à vos risques et périls.

3. — Car la photographie est une science déjà si vaste, elle présente tant de matériaux épars dans les traités spéciaux, les journaux, les revues, que j'ai pu en extraire la matière d'un *Répertoire encyclopédique* qui vous sera utile après ce livre-ci quand vous serez plus savant.

Malheureusement pour vous, parmi tous ces traités dont je viens de parler, pas un n'est véritablement élémentaire, pas un ne dit à l'homme du monde par où il doit commencer : *par le commencement!*

4. — Cette phrase semble digne de M. de la Palisse, mais en y réfléchissant on s'aperçoit bien vite que rien n'est plus difficile à indiquer que le *commencement*, car pour chacun il varie. Pour le lecteur qui se souvient du cours de chimie qu'il a plus ou moins bien suivi au collége, ce commencement est déjà assez loin dans la science; pour celui que l'âge n'a pas encore amené à ces cours ou qui ne les a jamais suivis, le commencement est tout autre.

Il faut cependant, ami lecteur, que je trouve un commencement qui s'adresse à tous; à vous comme aux autres, et encore au voisin. Plaignez-moi si je ne réussis, mais ne m'en veuillez pas. Souvenez-vous, je vous prie, que la tâche est ardue pour le pionnier

qui fraye la route, et que la nôtre est encombrée. Ré-
fléchissez que la science que nous allons apprendre
ensemble n'est pas homogène et d'une seule pièce;
elle est formée d'une série d'emprunts à d'autres
sciences complètes; emprunts qui, s'appuyant sur un
phénomène *fondamental*, sont appelés à créer un ensemble de procédés constituant la PHOTOGRAPHIE.

5. — Supposez donc qu'en bons camarades nous
cherchions à faire provision pour la dure saison
d'hiver et que nous cueillions ensemble tout en marchant une branche à chaque arbre du chemin; au repos du soir, c'est à la fin de notre livre, nous aurons
notre faix acquis.

Mais de même que pour compléter notre charge
nous aurons commencé par une *brindille* qui est indispensable puisqu'elle est la *première*, l'α, le point de
départ de notre travail, de même nous irons du simple au composé, du facile au compliqué, toujours
amassant et complétant nos connaissances acquises.

6. — Ami lecteur, savez-vous dessiner? si oui,
bon; si non, passable encore.

Si *oui*, vous aurez plus de facilité que les autres à
comprendre l'harmonie des lignes et à sentir les
mille beautés de la nature. Si *non*, vous vous habi-
tuerez, au moyen des images si fidèles que donne la
photographie, à cette intuition particulière qui fait
démêler le beau et le gracieux au milieu du banal qui
vous entoure.

Ainsi donc, il est admis que nous pouvons faire de
la photographie sans dessiner comme Ingres, Ary

Scheffer ou Delaroche. C'est un fait important mais qui ne suffit pas ; au contraire, nous voici arrivé au point délicat ; je vous en préviens d'avance, il vous faut faire preuve d'une ou deux qualités immatérielles mais volontaires, et ne sortant nullement de la plus vulgaire banalité : je les nomme ; ce sont : l'intelligence et la persévérance.

7. — La première, tout le monde en a plus ou moins ; le moins suffit. Quant à la seconde, c'est une autre affaire, tout le monde en a plus ou moins, mais *le moins* (c'est hélas ! la grosse part) ne suffit pas ici ; il nous en faut *le plus*. Cette qualité représente en quelque sorte le sel nécessaire à notre nourriture ; c'est l'aiguillon de notre appétit, ce sera aussi le soutien de notre marche.

Ainsi donc, ô élève, faites-en provision.

Car, voyageur novice, vous butterez souvent avant de marcher droit ; vous ferez même des chutes ; il faut que je sache d'avance que vous vous relèverez plus fort et plus enthousiaste que jamais. D'ailleurs, ne suis-je pas là ? ne vous prêterai-je pas, à chaque faux pas, le bâton secourable de l'expérience ?

Ceignez donc vos reins, *sursum corda !* et en marche !

CE QUE C'EST QUE LA PHOTOGRAPHIE.

.

8. — Je voudrais ne pas vous faire étalage de ma science, mais il faut pourtant que vous sachiez que ce mot *photographie*, qu'on a créé presqu'en même temps que la science qui va nous occuper (il y a une vingtaine d'années), que ce mot veut dire quelque chose. C'est la *francisation* (ce mot ne l'est pas, mais peu m'importe s'il explique ma pensée) de deux mots grecs qui veulent dire : *écriture* ou *dessin par la lumière*.

Nous voici donc instruits déjà rien que par le nom, que notre crayon est un *rayon de soleil*. Je dis encore *crayon*, mais dans quelque temps peut-être on pourra dire notre *pinceau!* Car aux images d'une seule teinte que nous savons faire exclusivement, on aura sans doute substitué la *peinture naturelle* du monde extérieur avec l'*infini* de ses *tons*. Le problème des couleurs, vous le savez peut-être, est résolu, leur fixage seul reste à trouver, on cherche…. L'avenir photographique n'a pas dit son dernier mot, nous l'entendons à peine bégayer le premier!…

9. — Il est donc acquis que nous dessinons avec la lumière et parfaitement évident, dès lors, que ce crayon immatériel et intangible doit rencontrer pour y tracer ses dessins, un papier, une surface *particulière ;* c'est ce qui arrive.

10. — Notre surface, que nous appellerons *sensible*, est empruntée aux composés d'un corps précieux que tout le monde connaît (je n'ose pas dire trop haut, quoique ce soit vrai), que tout le monde aime !...

C'est un métal ; un métal blanc, sonore, dur, ductile, pesant, susceptible d'un beau poli, moyennement attaquable par les autres corps : c'est *l'argent*, connu de toute antiquité. Voilà l'un de nos corps usuels ; nous en consommerons constamment, nous y aurons recours sous toutes les formes.

11. — Parmi vous, amis lecteurs, il est peu de personnes qui n'aient senti l'eau de javelle, cet auxiliaire béni des blanchisseuses et maudit des maîtresses de maisons. Or, si vous avez approché vos narines du flacon qui contient ce liquide, vous avez été frappés d'une odeur piquante, caractéristique : c'est celle du *chlore*, un gaz jaunâtre quand il est pur, et dont le nom est resté au corps lui-même [1].

---

1. Le chlore peut être regardé comme le type principal d'un groupe très-naturel de corps analogues, qui sont : le chlore, l'iode, le brôme et le fluor.

Si jamais la chimie analytique parvient à démontrer, ce qui satisfait l'intelligence, que tous les corps simples ou composés ne sont que des modifications d'une seule espèce de molécule primor-

Eh bien, si vous supposez que ce gaz dont nous parlons ici et qui est *jaune* soit combiné, c'est-à-dire *mélangé* atome à atome, à de l'argent, il en résultera un troisième corps, *blanc* comme de la neige, presque léger comme elle, et qui aura la singulière propriété de *noircir* tout seul quand vous promènerez à sa surface le *crayon lumineux* dont nous parlions tout à l'heure : *le rayon de soleil*[1].

12. — Voilà donc le problème photographique résolu, nous avons un crayon et un papier; ce n'est pas le crayon qui marque, c'est le papier; mais à cette petite différence près, c'est notre affaire de tous les jours; c'est celle que je fais en ce moment, ami, en mettant pour vous du noir sur du blanc.

13. — Avec l'aide de la réflexion, nous voici à même de combiner beaucoup de projets : nous prépa-

diale, ce sera sans contredit ce groupe de corps simples qui fournira les premiers éléments de composition ou de décomposition.

L'iode, rouge et en paillettes métalliques, donne avec l'argent un composé *jaune*, au lieu que celui du chlore est *blanc*.

Le brôme, qui est un liquide rouge foncé, donne aussi avec l'argent un sel *jaune* plus *pâle*.

Le fluor, encore non isolé, faute de vases pour le recueillir, puisqu'il les attaque tous, produit avec l'argent un corps *jaune*, presque insensible, mais fondant dans l'eau, tandis que les composés du chlore, de l'iode et du brôme avec l'argent ne s'y dissolvent pas, ce qui est une qualité aussi indispensable que la sensibilité pour leur emploi en photagraphie.

1. Ce n'est pas le chlore, c'est l'iode que l'on emploie en ce cas; mais j'ai préféré garder un exemple commun et vulgaire, à choisir un corps nouveau dont il eût fallu donner une description, inutile au moins, si ce n'est embarrassante ici, pour les commençants. Cette note suffit pour ceux qui savent.

rerons sur un corps quelconque une *étendue* de cette précieuse *substance qui noircit à la lumière*, et nous y promènerons un rayon de soleil qui dessinera.

Mais avec quoi *recueillir* et *promener* ce rayon de soleil ?

Tout simplement avec une *loupe,* avec un *verre à foyer*, ainsi qu'on l'appelle ; et comme il ne faut pas que notre surface sensible reçoive d'autre lumière que celle qui doit dessiner, nous la renfermerons dans une boîte obscure ! Voilà la *chambre noire* inventée, ou appropriée à notre projet ; nous montons sur un de ses côtés notre loupe, et nous recevons sur l'autre l'image qu'elle forme.

14. — C'est bien tout ; résumons-le : on fait une *substance sensible* à la lumière, — on la dispose en *surface,* — on la met dans une *boîte obscure* et on projette sur elle l'*image* fournie par le *foyer d'une loupe.*

15. — La loupe, le verre à foyer est connu de vous tous, qui vous en êtes servis enfants, pour réunir les rayons de chaleur du soleil et enflammer de l'amadou. Aujourd'hui, je veux vous faire remarquer qu'au même foyer que les rayons calorifiques, se réunissent également les rayons lumineux, et voici comment on s'en aperçoit. Au lieu de tourner la loupe vers le soleil, on se place dans le fond d'un appartement, on la tourne vers la fenêtre (fig. 1), et tenant, de l'autre main, derrière elle, une feuille de papier blanc tout contre le verre, on éloigne cette feuille d'un mouvement lent et régulier. Il arrive qu'à une certaine distance, on voit l'image de la fenêtre se peindre d'abord confuse sur le papier, puis plus nette, puis très-nette.... arrêtez-vous, c'est le foyer ! Mais vous éloignez toujours la feuille, — l'image redevient moins nette, confuse et s'efface.

16. — La *longueur du foyer* est la distance, sur une ligne droite, de la loupe ou lentille au point où

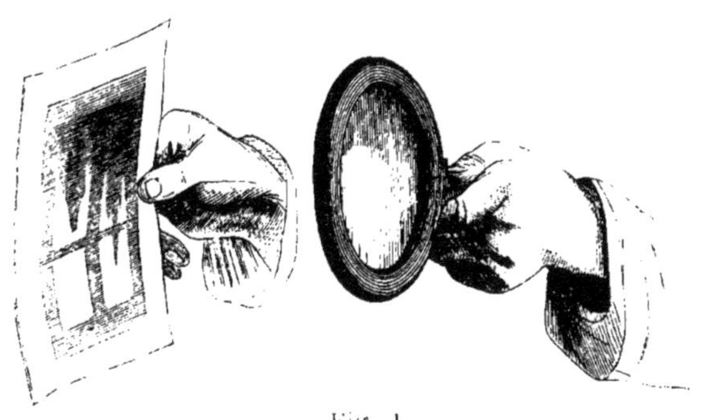

Fig. 1.

la feuille de papier a présenté l'image la plus nette possible (fig. 1).

Ces images sont toujours renversées.

17. — Voyez comme nous progressons ! voilà que nous savons que notre boîte obscure devra être aussi longue que notre *distance de foyer*, si nous voulons que la substance sensible reçoive l'image la plus nette que nous puissions y tracer. Et cependant, quel malheur ! voici que maintenant, tenant la loupe, vous vous êtes rapproché de la fenêtre ; votre longueur de foyer augmente ; la feuille blanche est plus loin de la lentille ! Si vous étiez allé dans l'autre chambre elle eût été plus près. Comment faire ? Nous ne pouvons avoir une chambre obscure pour chaque distance des objets? Non ; mais vous avez vu les lorgnettes de spectacle dont les tubes rentrent l'un dans l'autre, et vous pouvez adapter à votre appareil une disposition analogue; une ou deux boîtes plus petites, rentrant bien juste dans la première.... Victoire, nous marchons!...

Maintenant, comment nous assurer si notre foyer est juste, c'est ce que nous appellerons *mettre au point?* Il faut nécessairement construire une des parois de la boîte en matière translucide qui permette de recueillir l'image de la lentille et d'en juger la netteté. La mousseline, le papier transparent, et surtout le verre dépoli finement répondront à notre besoin.

18. — Voyez comme vous devenez savant; vous savez déjà que *mettre au point*, c'est faire mouvoir le tiroir qui porte la glace dépolie, en avant ou en arrière, jusqu'à ce que, vous couvrant la tête d'un *voile épais* et *noir* fermant accès à la lumière vive du dehors, vous aperceviez sur cette glace l'image la plus nette possible fournie par la lentille, que nous nommerons désormais l'*objectif.*

19. — Or, vous êtes assez intelligent, mon cher élève, pour deviner déjà qu'une simple loupe ne répondrait probablement pas à toutes les conditions du travail que nous allons lui demander. Aussi les opticiens les plus habiles ont-ils fait subir d'heureuses transformations à notre lentille primitive, et en décuplant sa force, lui ont donné des qualités aussi parfaites que possible.

On l'a montée dans un tube de cuivre, AB (fig. 2), muni d'un bouton C et d'une crémaillère qui facilitent les mouvements lents nécessaires pour une parfaite mise au point. Voyez : cet objectif vous donne une image vive, nette, les objets droits ne sont ni courbés en dedans, ni déformés ; l'image est également nette sur toute la glace dépolie. Il est vrai que nous avons choisi cette glace dans un certain rapport de grandeur avec l'*ouverture* de notre objectif et la *longueur de son foyer*.

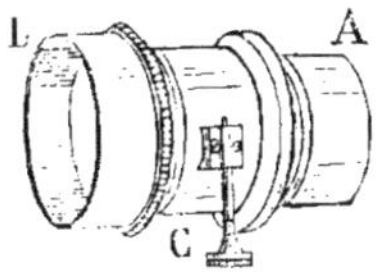

Fig. 2.

Pour plus de commodité encore, le côté postérieur des tiroirs de la chambre est muni d'une queue traversée par une vis qui arrête solidement les tiroirs à une distance variable suivant le foyer de l'objectif et l'éloignement des objets à reproduire.

20. — Nous ferons porter notre boîte, *chambre obscure* ou *chambre noire*, comme vous voudrez, sur un pied fait exprès : au besoin sur une table, si vous n'avez pas de pied ; et nous apprendrons à mettre au point avec grand soin ; car ce n'est pas une si facile opération qu'on le croit, et votre goût artistique pourra plus tard, en faisant varier cette donnée du problème général de la photographie, rencontrer des *effets* remarquables.

DES DIFFÉRENTES MÉTHODES.

21. — Pour arriver au point de science où vous vous sentez déjà parvenu, vous avez dû remarquer que nous venons de passer par du dessin et par un peu de physique ; ici, je vous avertis que nous entrons dans le domaine de la chimie. N'avais-je pas raison de faire appel, en commençant notre travail, à vos plus anciens ou récents souvenirs ? Mais dans cette *chimie* appropriée et que j'appellerai *photographique*, nous voici tout d'abord aux prises avec un grand embarras : dix, vingt méthodes nous disputent le passage. Toutes aussi bonnes les unes que les autres, toutes ayant fait leurs preuves, c'est-à-dire des chefs-d'œuvre relatifs, comment choisir ? Toujours, suivant notre principe, en marchant du simple au composé.

22. — Dans l'état actuel de la science, la méthode la mieux connue et la plus simple est celle que l'on appelle au *collodion négatif*. Nous commencerons par elle, parce que, quand vous en serez maître, elle vous permettra d'aborder sans crainte et sans autre guide que l'*Art du photographe*[1], le *papier négatif*, puis l'*albumine*, et enfin toutes les modifications qui complètent les procédés si variés de la science photographique. Ce n'est pas, cher élève, que je vous recommande de les attaquer tous; au contraire, moins vous en essayerez dans le commencement de vos études, plus vite vous avancerez. Plus tard, vous ferez ce que vous voudrez en volant de vos propres ailes.

Pour nous, néophytes, apprentis en ce moment, qui pour bagage scientifique acquis possédons du zèle et encore du zèle, quand nous aurons étudié et appris le collodion négatif, nous aborderons tout simplement le papier positif, complément naturel de toute méthode photographique.

Nous laisserons de côté le daguerréotype ou photographie sur plaque d'argent, dont vous avez vu de si belles épreuves, mais dont les procédés sont actuellement abandonnés, parce que chaque épreuve ne peut être reproduite qu'une fois, tandis que les procédés photographiques donnent la possibilité, avec un type ou *négatif*, de produire indéfiniment des tirages d'épreuves semblables à elles-mêmes.

23. — Je m'aperçois, cher lecteur, que dans cette classification nécessaire j'ai employé une foule de mots qui vous sont inconnus, et qu'il faut que je vous explique. Ce que je ferai en temps et lieu;

---

1. L'*Art du photographe*, 1 vol., fig.; 2e édit. Amyot, édit., 8, rue de là Paix.

mais je vous préviens, dès maintenant, qu'avant de passer à la démonstration pratique de ces procédés (qui est complète plus loin), nous devons apprendre à nous servir des *appareils* pour eux-mêmes. Il faut savoir les faire mouvoir, les monter et les démonter, établir notre *atelier*, notre laboratoire, nous installer, en un mot : après, nous apprendrons à faire les substances *sensibles* et à nous en servir.

24. — Le grand écueil de la photographie, c'est qu'elle donne d'un seul coup une image complète : si donc, par la faute de l'opérateur, le modèle est défectueux, l'épreuve le sera forcément et sans remède. Je laisse de côté la retouche manuelle des images, car elle ne rentre pas dans notre cadre élémentaire, et demande l'intervention d'un artiste parfaitement au courant des ressources nombreuses, mais délicates, de cette branche de la peinture.

Je dis le *grand écueil de la photographie;* j'appuie sur ces mots, parce qu'ils sont l'explication d'une vulgarisation absurde de cet art si fécond. Au premier abord tout le monde croit pouvoir faire de la photographie; mais, par Dieu, tout le monde peut faire un bonhomme avec du fusain, tout le monde peut aussi faire un pot-au-feu, mais avec les substances nécessaires! Hélas! combien de photographies ne valent pas le premier bonhomme que nous avons fait, ni le premier pot-au-feu que nous aurions pu faire! Il faudrait que le goût public, plus épuré, en

appelât de ces vocations écloses sous la facile pro-
duction des bonshommes photographiques ; mais il
se heurtera contre les besoins à *bon marché* des classes
inéclairées, et quelquefois de celles qui *sont censées*
ne pas l'être.

23. — Pour avoir un modèle parfait, il faut disposer artistement ses lignes, c'est de la *perspective;*
il faut éclairer parfaitement ses reliefs, c'est là du
dessin. Pour éclairer parfaitement, il faut disposer
des moyens appropriés de varier l'incidence et la valeur de la lumière générale qui nous entoure ; tout
cela ne peut guère s'obtenir que dans un endroit

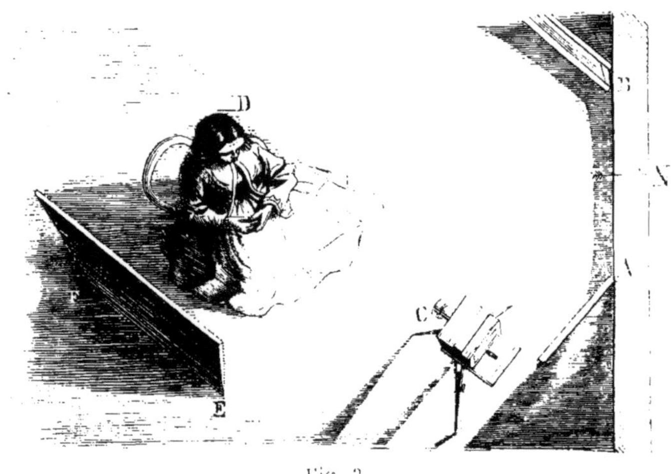

Fig. 3.

spécial, exposé au nord, vitré sur la plus grande partie au-dessus et par côté, et muni de rideaux se
mouvant dans tous les sens.

26. — Pour commencer notre étude élémentaire

et rester dans le rôle modeste d'amateur, cette installation n'est pas indispensable.

Une chambre vaste et bien éclairée (fig. 3) par une grande fenêtre AB, au nord N, peut suffire. Il faut, dans ce cas, faire poser le modèle D de trois quarts en *face* de la fenêtre, et choisir un objectif C qui, par sa longueur de foyer peu considérable, permette de le placer entre le modèle et la fenêtre, comme l'indique la figure 3.

Si le modèle était placé près de la fenêtre, un seul

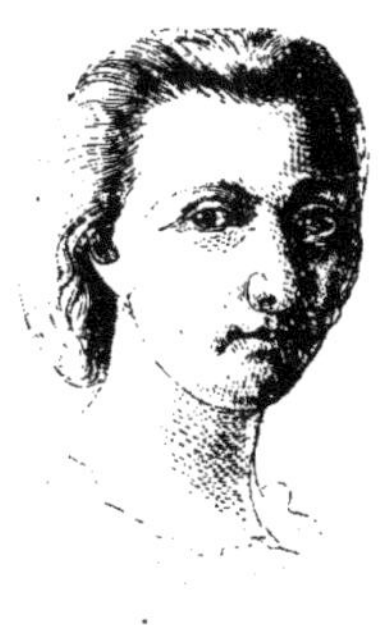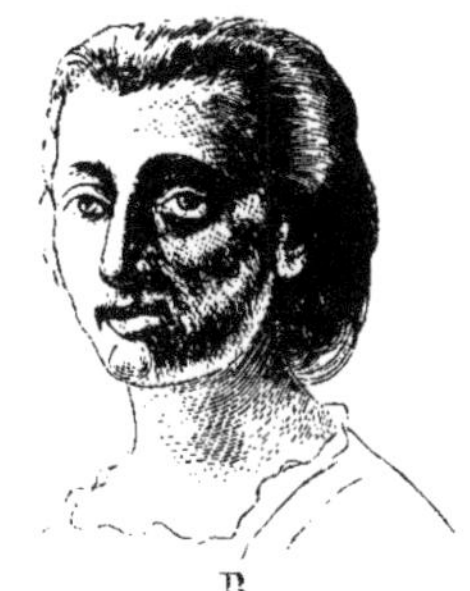

Fig. 4.

côté de son visage recevrait la lumière (fig. 4) de quelque côté qu'on tourne la tête. Placée comme en B, le *petit côté* du visage recevrait seul la lumière, ce qui serait contraire au principe non absolu, mais cependant le plus en usage pour obtenir un portrait bien ressemblant, principe basé sur cette observation : qu'un jour *frisant* ou *tangeant* aux saillies du visage, tend à en exagérer les reliefs et, par conséquent, à rendre la ressemblance moins jeune et moins

2

agréable. Si le modèle tournait à la fenêtre le *grand côté* A (fig. 4), le petit se trouverait beaucoup trop dans l'ombre. La figure 4 nous montre ces deux effets disgracieux dans toute leur crudité. On en atténue la dureté au moyen d'un réflecteur en papier blanc ou en calicot E F fig. **3**, placé en dedans de la chambre, à côté du modèle D et renvoyant sur lui une partie de la lumière réfléchie.

27. — On peut encore, *comme élève*, essayer des

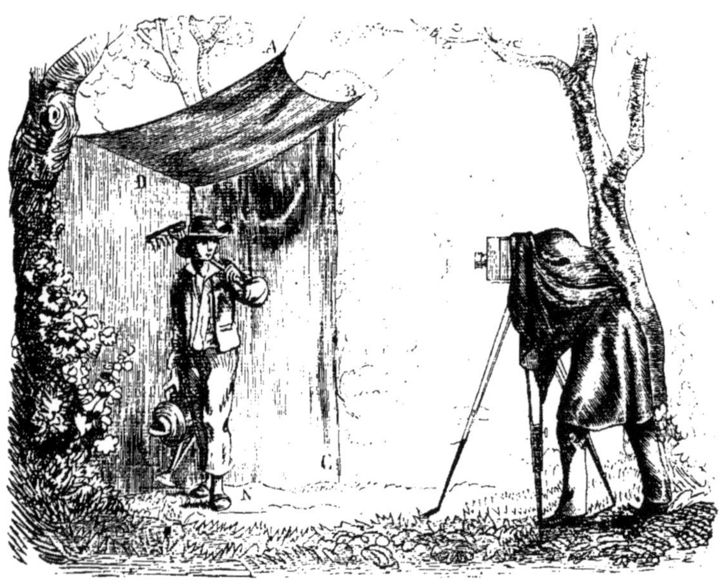

Fig. 5.

portraits dans un jardin (fig. 5), en tendant une draperie verticale grise pour fond D, une autre A B au-dessus de la tête du modèle, et une C par côté.

Quand il pleut, ami lecteur, adieu le travail photographique. Quand il fait trop chaud ou trop froid,
vous conviendrez avec moi qu'il est meilleur de
demeurer au coin du feu ou au frais. C'est à votre
sagesse à peser tout ceci.

28. — Ce point est beaucoup plus facile à satisfaire que le précédent : un cabinet noir, une petite
pièce dont on ferme la fenêtre avec du papier gou·
dronné, dans lequel on ménage une ouverture de
2 décimètres carrés, voilà tout ce qu'il faut.

Ce petit carré sera couvert d'un verre ou d'un papier jaune foncé, parce que la lumière, revêtue de
cette couleur, n'a plus d'action sur les surfaces sensibles.

29. — Il faudra établir une table, des planches,
pour mettre les cuvettes et les flacons dont nous nous
servirons.

Tout flacon, ne contiendrait-il que de l'eau, portera
une *étiquette* indiquant ce qu'il renferme.

Le plus grand *ordre* et la plus grande *propreté* seront de rigueur dans cette pièce. Rien ne traînera,
tout aura sa place marquée et toujours la même.

30. — On peut y installer une fontaine filtrante
ordinaire pour contenir la provision d'eau, et des

cruches ou des baquets pour les résidus et les eaux de lavage.

Il est prudent de joindre à tout ceci une petite armoire fermant à clef, pour contenir les produits chimiques à employer. Beaucoup de ces corps sont des poisons violents et ne doivent pas être laissés sous la main des enfants ou du premier venu.

31. — Vous vous procurerez, ami lecteur, les objets suivants chez de bons fabricants :

1° Une *chambre noire* en noyer ordinaire (fig. 6);

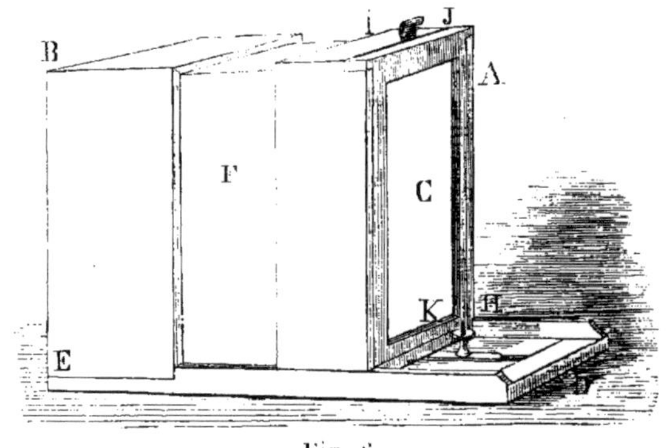

Fig. 6.

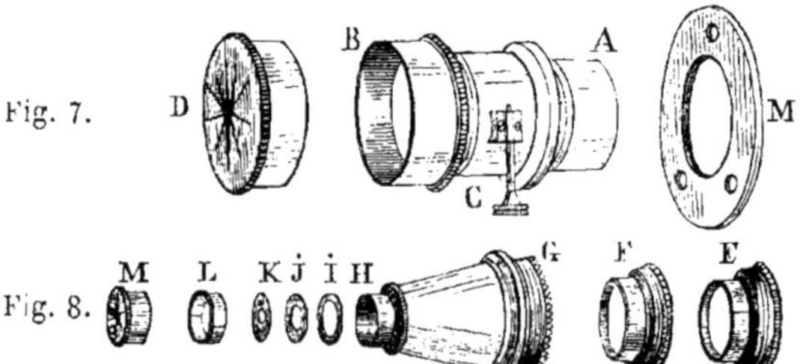

Fig. 7.

Fig. 8.

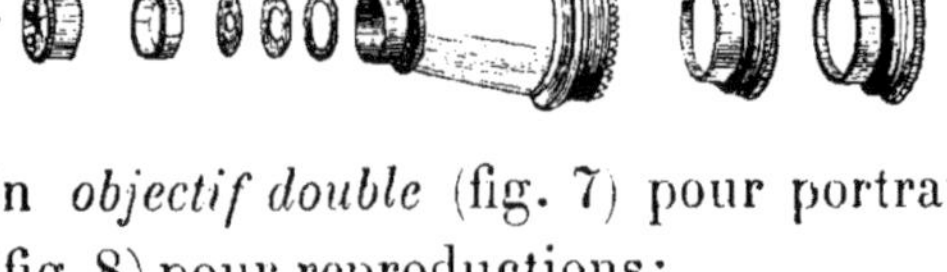

2° Un *objectif double* (fig. 7) pour portrait, et un
simple (fig. 8) pour reproductions;

3° Un *pied* à trois branches, en frêne ou en hêtre (fig. 9). Ces trois choses composent *l'instrument fon-*

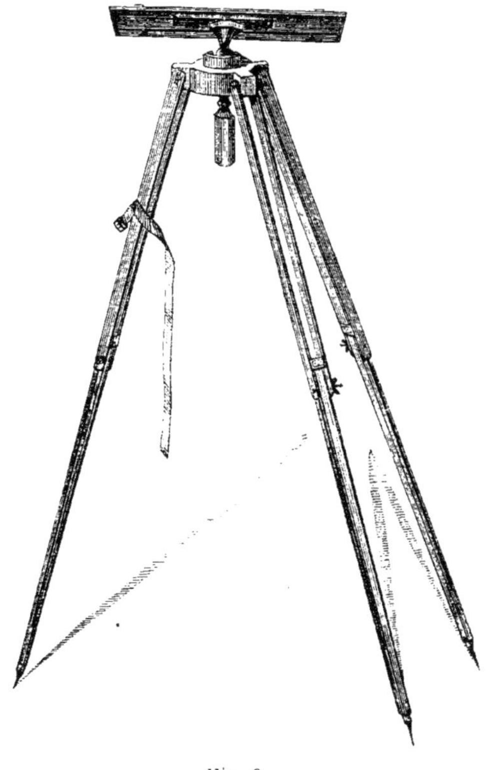

damental de tout procédé photographique.

Mais il importe qu'elles soient choisies avec discernement, car il faut commencer par faire des épreuves de moyenne dimension, avant d'en essayer de très-grandes ou de très-petites.

Il est indispensable que vous vous brisiez aux mani-

Fig. 9.

pulations; et alors que vous saurez bien, vous aborderez tous les travaux qui souriront à vos désirs.

52. — Choisissons donc ensemble ces appareils pour la grandeur dite 1/2, c'est-à-dire pouvant donner des images *bonnes* sur une surface de 13 centimètres sur 18. La plaque normale ou entière, 1/1, *unité de surface* photographique, a pour dimension 18 centimètres sur 24.

Il faut nous munir, en outre, d'un voile pour mettre au point, comme dans la figure 5 ; c'est un morceau de calicot croisé, noir, de 1^m,50 de long sur 1^m de large.

53. — Tout ceci étant devant nous, nous allons porter la chambre noire (fig. 6) sur le trépied (fig. 9), et mettre la partie inférieure D E entre les rebords dont est munie la planchette supérieure du pied. Nous maintiendrons l'adhérence des deux appareils par l'application d'une petite pince à vis embrassant entre ses mâchoires le bord de la queue D de la chambre noire (fig. 6) et le bord de la planchette du pied (fig. 9).

Ouvrons les trois pieds du support (fig. 9), fixons, en serrant les vis qu'on voit au milieu de la hauteur (fig. 9), les rallonges déployées, — fermées, elles rendent l'appareil plus portatif, — et procédons au montage de l'objectif.

54. — Suivant que nous voulons faire un portrait ou un paysage, nous emploierons l'un ou l'autre des deux objectifs que nous avons devant nous. Celui-ci, cylindrique A B (fig. 7), est appelé *double*, parce qu'il contient un double système de verres; l'autre, conique, G H (fig. 8) est dit *simple* et ne contient qu'un système de lentilles. Le premier est destiné au *portrait*, le second au *paysage* et aux reproductions.

55. — En avant de chacun d'eux, vous voyez (fig. 7 et fig. 8) un couvercle détaché, D, M, ou pivotant sur une goupille, disposition adoptée, pour les objectifs simples par quelques opticiens; c'est ce qu'on nomme l'*obturateur;* il sert à fermer ou à donner accès à la lumière.

56. — A côté (fig. 8), sont des rondelles métalliques I J K percées de trous de différente grandeur; ce sont des *diaphragmes* qui servent à modérer dans différents buts l'activité de la lumière, en n'en admettant que ce qu'il faut pour former l'image. En L est la bague qui, entrant dans la partie H, maintient les diaphragmes I J K que l'on y met contre un petit épaulement intérieur. G F E sont des verres de rechange qui ne diffèrent les uns des autres que par leur longueur de foyer. Maintenant que vous savez ce qu'est le foyer, vous comprendrez qu'avec cette combinaison on peut toujours et partout faire une épreuve d'un objet immobile, parce que si l'on est trop près pour une longueur de foyer donnée, on en a deux autres à choisir La seule chose qui change avec le foyer des verres, c'est la *dimension* de l'image, qui devient d'autant plus petite qu'on prend un foyer plus court.

En général E a : foyer. . . 10 à 12 cent.

F a — . . .'15 à 16 cent.

G a — . . . 20 à 24 cent.

Vous verrez plus tard combien l'emploi raisonné de ces appendices rend de services à l'artiste.

57. — L'objectif double A B (fig. 7) porte une vis C qui fait mouvoir, d'un mouvement lent et très-doux, le tube intérieur portant les verres. Ce mouvement sera utile pour mettre au point les images très-fines.

58. — Quel que soit l'objectif que nous choisissions, il faut l'attacher à la chambre noire. Vous trouverez à la partie antérieure de la chambre, partie que l'on n'aperçoit pas dans la fig. 6, une ouverture circulaire; d'une autre part, dévissez la bague M fig. 7 que porte l'objectif A B à sa base A, l'une s'adapte à l'autre qu'elle déborde par la partie M portant des trous fraisés pour recevoir les têtes des vis que nous allons y adapter. Faites un petit avant-trou avec une vrille, pour ne pas fendre le bois même de la chambre noire dont les fibres se présentent dans tous les sens à l'ouverture.

La bague est fixée; vissez sur elle l'objectif; le voilà installé ou *monté*, pour employer le mot technique.

59. — Notre appareil complet peut maintenant produire des images. Vous voyez à l'autre extrémité de la chambre noire (fig. 6) une glace dépolie C montée dans son cadre JAHK, mobile dans sa coulisse A. C'est la surface sur laquelle nous allons apercevoir ces images et les mettre au point.

Pour y arriver : couvrez du voile votre tête en même temps que la chambre noire (fig. 5), tirez à vous cette partie intérieure ou tiroir AHK, en rendant d'abord libre la vis K; arrêtez-vous au moment où l'image de l'objet que vous visez est *nette* sur la glace.... Bien, voilà une chaise parfaitement au point. A présent serrez la vis K; elle passe dans une pièce en cuivre fixée au tiroir IAH, et sa tige glisse librement dans la fente que porte la queue D de la chambre;

au-dessus est la tête de cette vis, par conséquent, en serrant le bouton-écrou K, vous avez rendu le tout immobile.

40. — Tournez l'appareil vers la fenêtre, exercez-vous à mettre au point un objet plus éloigné. — Ah ! vous voilà embarrassé. — Les objets, dites-vous, ne sont pas tous nets. Si je rends nets les plus éloignés, ceux plus près ne le sont plus ; et si je change, c'est le même effet, mais inverse ! Comment faire ? — Ami lecteur, tous les objectifs, comme tous les systèmes optiques dus à la main des hommes, en sont là. Nous n'avons à notre connaissance humaine qu'un seul appareil qui jouisse de la merveilleuse propriété que vous réclamez, et celui-là ce n'est pas l'homme qui l'a calculé, c'est la grande puissance, c'est Dieu ! Je veux vous parler de l'*œil*.

41.—Faute de pouvoir surmonter cette difficulté, il a fallu la tourner ou l'amoindrir, c'est le but des deux objectifs (fig. 7 et 8) que je vous ai conseillé de vous procurer.

Dévissez l'objectif double AB (fig. 7) et revissez à sa place l'objectif simple GH (fig. 8), vous allez avoir un plus grand nombre de plans distincts et nets. J'ai dit *un plus grand nombre*, ce qui vous prouve que le défaut est moindre mais non détruit. Cependant vous avez, dans ce que la netteté du champ embrasse, autant de profondeur qu'il en faut pour satisfaire à l'œil le plus exigeant. Que cela vous suffise.

42. — Ainsi donc l'objectif simple GH (fig. 8) vous servira pour les vues du dehors. Remarquez que, destiné à un milieu baigné de lumière, il porte de toutes petites ouvertures I, J, K, en avant de sa lentille G. Vous comprenez bien que, s'il était construit pour l'intérieur de votre atelier, il faudrait un très-long temps pour que votre *crayon lumineux*, devenu si faible, pût aller tracer une image complète.

Comparez l'objectif double AB (fig. 7), voyez : il admet, lui, par toute son ouverture B la lumière des objets ; il n'en a jamais trop, aussi opère-t-il rapidement, mais seulement pour des objets placés presque dans le même plan.

43. — Voilà comment on a tourné la difficulté, mais il a fallu combiner deux systèmes de verres, pour pouvoir condenser sans déformations une aussi grande masse de rayons entrés à la fois sous toutes les inclinaisons possibles.

L'appendice noirci ou rebord B que vous voyez ici (fig. 7) en avant, est d'ailleurs destiné à éliminer les rayons venus trop obliquement et qui altéreraient la pureté de l'image.

44. — Tel est le maniement très-simple de l'instrument qui suffit complétement aux premiers travaux photographiques, et qui, bien souvent, ne sera même pas remplacé par l'amateur qui ne consacre pas tout son temps à cet art.

45. — Quant à l'artiste qui en fera son occupation principale et le but de ses efforts, il devra bientôt remplacer son trépied par un pied d'atelier CDEH (fig. 10) plus solide, mais plus lourd, et présentant plus de facilité surtout pour mouvoir une chambre noire N, de grande dimension, dont le poids est souvent considérable.

46.—Avec le trépied ou *pied de campagne* (fig. 9), tous les mouvements de haut en bas et réciproquement, et de côté, s'obtiennent en desserrant la vis à poignée placée entre les pieds, et qui permet à la *rotule* de tourner librement dans l'*étau* qui la tient.

Il faut desserrer avec précaution de la main droite, en tenant de la main gauche la chambre noire, qu'elle fait obéir et qu'elle maintient pendant que la droite resserre la vis, immobilisant l'instrument dans la position nécessaire.

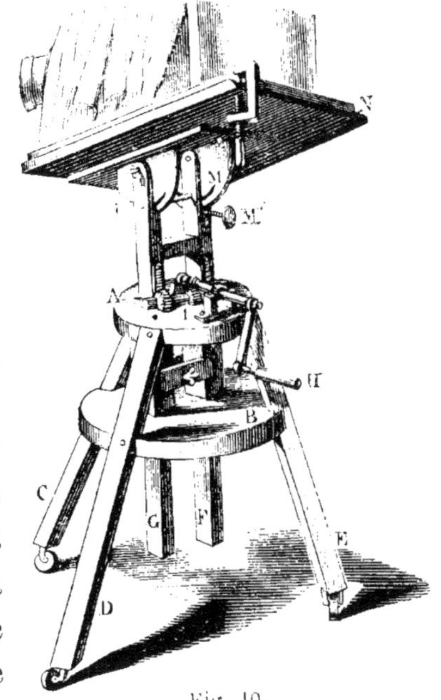

Fig. 10.

Aux appareils décrits ci-dessus, le fabricant joint un certain nombre d'accessoires dont nous verrons l'utilité et l'emploi au fur et à mesure de nos besoins.

47. — Maintenant, mon cher élève, que vous savez user de l'instrument, nous allons, si vous voulez bien, *faire* de la photographie. Laquelle ? — La plus usuelle en ce moment. Mais avant de commencer, il faut vous expliquer que, pour arriver à l'image finale, ou directe, ou *positive* de l'objet qu'il veut reproduire, le photographe est obligé de passer par une première image initiale, inverse ou *négative*.

Ce fait n'est pas sans analogue dans les arts ; la gravure sur bois ou celle sur acier, offre quelque chose d'analogue, c'est-à-dire la création d'un *type préliminaire* au moyen duquel on peut obtenir un nombre indéterminé de copies semblables. Les graveurs usent des moyens qui constituent leur art : ménager des reliefs ou des creux qui se garnissent d'encre et déchargent sur le papier insensible ; nous, nous emploierons un type transparent à parties opaques qui permettra au *crayon lumineux*, parti du soleil, de passer, pour noircir un papier sensible que nous mettrons dessous.

Il est bien facile de se rendre compte, que le papier noircissant où frappe la lumière, il faudra que les traits soient transparents pour que la lumière les trace, et les blancs très-opaques pour que la lumière n'y frappe pas.

48. — Le *négatif* sera donc l'inverse de l'objet re-

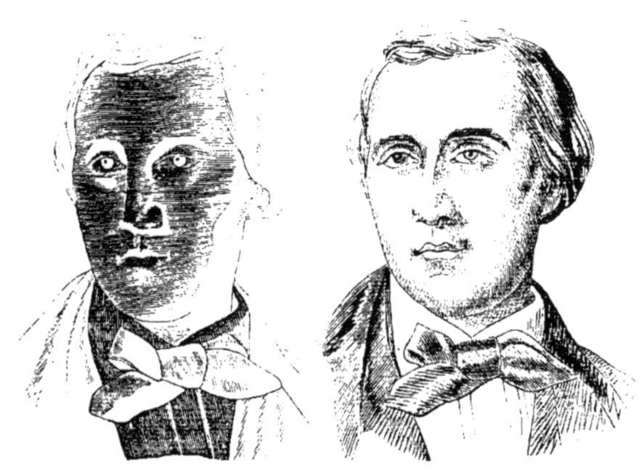

Fig. 11.

produit, noir translucide où l'objet est blanc ou lumineux, blanc et opaque où il est noir ou obscur. Les deux têtes de la figure 11 indiquent parfaitement ce qu'est une épreuve négative et une positive.

Puisque le *négatif* précède le positif, nous allons apprendre à faire une *épreuve négative*.

Il faut, avons-nous dit, qu'elle soit transparente; eh bien, nous la ferons sur *verre*, et mieux sur de la *glace* qui est plus épaisse, mieux dressée et moins sujette à se briser.

49. — Si le papier, quelque uni que soit celui dont nous pouvons nous procurer les plus beaux échantillons n'était pas garni de pores nombreux et inégaux, ne présentait pas une surface rugueuse et inégale, ne contenait pas des encollages divers qui changent sa texture et sa faculté d'imbibition, on n'aurait point cherché mieux et l'on se serait tenu aux premières méthodes qui avaient ce premier produit pour base. Mais indiquer les défauts que le papier présente, c'est dénombrer les qualités qui lui manquent.

Le papier est un véritable feutre végétal formé de fibres appelées *cellulose*, et qui constituent non-seulement toutes les matières végétales textiles, mais encore une grande partie des autres végétaux. Le coton, le lin, le chanvre, l'écorce du tilleul, celle du bouleau, la tige de l'ortie, de l'asperge, les feuilles de l'alpha, du palmier nain, de l'aloès, du phormium tenax, etc., contiennent une grande quantité de cellulose. Les fils employés par le commerce en sont

composés, les toiles, par conséquent, et le papier qui
en provient, que ces fils soient fabriqués avec le lin,
le chanvre ou le coton.

50. — Mais voici qu'une découverte admirable
est née à point pour fournir à la photographie le papier parfait qui lui manquait. Un chimiste (ce sont
eux maintenant qui changent la face du monde) est
venu, qui a trouvé un liquide dans lequel le coton
fond comme la gomme arabique dans l'eau, et produit un mucilage d'autant plus épais que la quantité
de coton est plus grande.

Or, si nous étendons du sirop de gomme sur un
verre, et que nous laissions sécher, nous aurons réduit notre gomme arabique en une lame mince et
continue : de même si nous versons notre *sirop de
coton* sur du verre, nous en formerons une feuille
mince qui, en définitive, sera une feuille de papier
parfaite, sans pores inégaux, d'une homogénéité et
d'une égalité admirables, sans encollages nuisibles et
composée exclusivement de cellulose, ce qui n'arrive
pas ou presque jamais aux papiers du commerce auxquels les fabricants mêlent tout ce qu'ils peuvent,
afin de faire plus de matière marchande avec le
moins de chiffons possible.

Le haut prix de cette denrée singulière, est la cause
de cette adultération ; je vous dis *singulière*, car, remarquez que l'emploi du papier croît tous les jours et
qu'il ne peut en être de même d'une matière première
qui ne se produit pas de toute pièce, et, au contraire,
à la fabrication de laquelle chacun est intéressé à

concourir le moins possible, car les chiffons *usés* sont ceux qui ont le plus de valeur.

51. — Revenons à notre papier photographique et apprenons à le faire.

On trouve partout dans le commerce le coton préparé pour l'objet qui nous occupe ; je vous engage à ne pas en essayer la fabrication maintenant, plus tard nous verrons. Ce coton porte le nom de *pyroxyle* ou *coton poudre* parce qu'il est très-explosible, peut remplacer la poudre de guerre, et ne doit être manié qu'avec prudence auprès des surfaces chaudes ou des corps en ignition (*première précaution à noter*).

52. — Vous allez à présent, mon cher élève, me demander quel liquide nous devons employer. C'est un mélange variable d'éther sulfurique et d'alcool, généralement dans la proportion de neuf parties en volume du premier pour une du second. C'est-à-dire que, si vous mesurez ces liquides dans un petit verre,

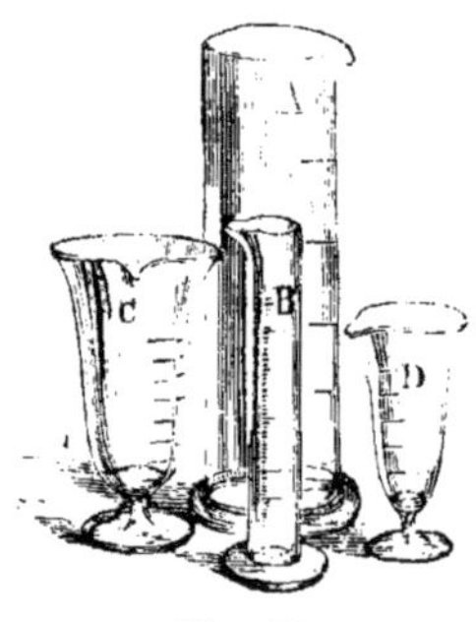

par exemple, vous remplirez neuf fois avec l'éther, une fois avec l'alcool, vous mêlerez les deux dans un flacon, et votre liquide sera probablement convenable. Au lieu de nous servir d'un petit verre, nous allons en prendre un plus grand C (fig. 12) et muni de divisions gravées sur le verre

Fig. 12.

et numérotées. Je n'ai pas besoin de vous dire qu'il vous suffira de remplir d'éther le *verre gradué* C ou D, ou l'*éprouvette graduée* A, c'est la plus longue (fig. 12) jusqu'au n° 90, par exemple, avec l'éther, puis continuer jusqu'au n° 100 avec l'alcool pour que votre mélange soit parfait.

55. — Tout le monde connaît l'odeur de l'éther et son emploi pour abolir la sensibilité dans les douloureuses opérations de la chirurgie moderne. C'est un liquide limpide, incolore, très-fluide, d'une bonne odeur et d'une inflammabilité très-grande (*deuxième précaution à noter*).

Ce liquide bout à la température de nos étés en France ($+ 35°$) et même sans bouillir, il laisse échapper des vapeurs fort odorantes, mais en même temps dangereuses, elles forment un *mélange explosible* avec l'air atmosphérique; par conséquent, si vous avez laissé débouché un flacon d'éther dans votre laboratoire, vous pouvez en y entrant le soir avec une bougie allumée faire naître une explosion dangereuse pour vous et vos ustensiles.

54. — L'alcool est le principe actif de l'eau-de-vie, c'est ce que dans le commerce on nomme le *trois-six* ou *l'esprit de vin*. Il émet des vapeurs détonnantes comme l'éther, mais en moins grande quantité; pour être moins dangereux que son voisin, son emploi demande la même prudence (*troisième précaution à noter*).

Il est indispensable, mon cher élève, que vous fassiez l'acquisition d'une petite balance Roberval (fig. 13) munie de ses poids, grammes et décigrammes.

Vous pèserez du coton poudre, 3 grammes, vous

les introduirez dans le flacon où vous aurez mêlé les
90 parties d'éther et les 10 parties d'alcool du § 52.

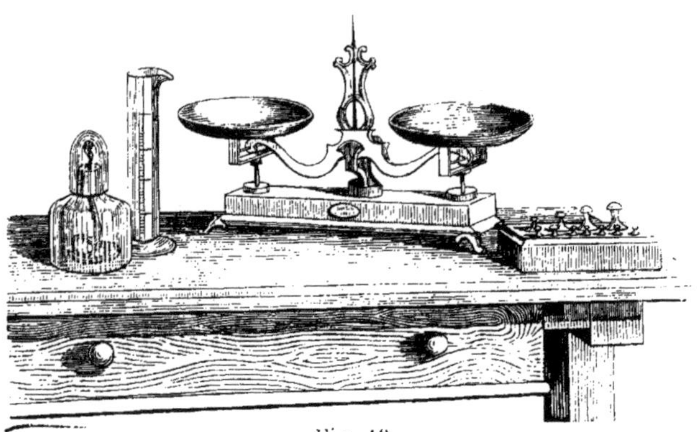

Fig. 13.

Généralement ces parties représenteront des centimètres cubes. Tous les verres gradués le sont ainsi.

Si vous mesurez de l'eau distillée, chacune de ces
divisions représentera sensiblement une partie de
liquide pesant 1 gramme. Si le liquide est plus léger
que l'eau, par exemple, l'éther et l'alcool, il est évident que le volume représenté par chaque division
pèsera moins d'un gramme, et *vice versa* pour un liquide plus pesant.

55. — La dissolution du coton poudre dans l'éther
alcoolisé, forme un liquide épais, visqueux, légèrement louche, et qui porte le nom de *collodion;* fait
dans les conditions ci-dessus, nous le nommerons *collodion normal.*

Remarquez que, malgré le soin avec lequel vous
avez secoué le flacon pour aider la dissolution du coton poudre, une partie des fibres est restée en sus-

pension : vous laisserez le dépôt se bien rassembler par le repos au fond du flacon, ce qui peut demander une à deux semaines, et vous décanterez la partie claire, c'est-à-dire que vous verserez doucement le liquide sans laisser passer à sa suite le dépôt dans un autre flacon.

56.—Tous les flacons dont on sert pour le collodion doivent être lavés à l'eau d'abord, puis à l'alcool, et bien égouttés. Cet alcool impur sert à brûler dans la lampe (vue à gauche dans la fig. 13) dont l'usage est continuel pour sécher ou chauffer.

Le collodion que nous venons de faire, étendu sur une glace, sur la peau ou sur un corps quelconque, laisse par évaporation une couche mince, tenace, transparente, analogue à de la baudruche ou du papier végétal : ce sera notre *papier photographique*.

DE LA COUCHE SENSIBLE.

57. — Au commencement de nos leçons, je vous
ai parlé, cher élève, du chlore (§ 11); nous en verrons
plus tard l'application sous forme du chlorure d'argent qui m'a servi de modèle pour vous faire comprendre l'action de la lumière sur certaines préparations. Aujourd'hui nous avons recours à d'autres
composés d'argent. Ces composés appartiennent à un
groupe de corps simples (V. note, § 11) qui forment
parmi tous les autres comme un petit trio remarqua-
ble par l'ensemble et le parallélisme des réactions de
chacun d'eux. De ces trois corps le plus ancienne-
ment connu est le *chlore* dont nous venons de parler.
Les deux autres sont l'*iode* et le *brôme*. L'un solide en
paillettes ferrugineuses, l'autre en liquide, rouge et
puant, d'où lui vient son nom. Iode *en grec* veut dire
violet à cause de la magnifique couleur des vapeurs
de ce corps.

58. — Combinés à l'argent, ces trois corps four-
nissent le *chlorure* d'argent, l'*iodure* et le *brômure* d'argent. Tous trois plus ou moins sensibles à la lumière,

blancs ou jaunâtres, solubles, c'est-à-dire se fondant dans les mêmes liquides, tous trois insolubles, c'est-à-dire ne fondant pas dans l'eau.

Je laisse de côté leurs différences ; pour le moment elles ne nous intéressent pas.

59. — Rappelons-nous seulement que, puisque ces composés sont *sensibles* à la lumière, notre rayon de soleil y pourra tracer des images dans la chambre obscure. Que faudra-t-il pour cela ? Enduire notre papier-*collodion* de ces substances, afin de le rendre sensible lui-même, c'est-à-dire apte à produire des images.

60. — Nous y parviendrons, mais pour le moment, je vais vous faire agir à l'aveugle. Faisons d'abord, vous comprendrez après ; vous allez vous contenter pour le moment de lire les étiquettes de ces flacons, atteints là, tous devant vous : ils sont au nombre de 7 petits et 3 grands :

Les petits contiennent 10 grammes environ de chaque substance. Les plus grands, 500 cent. cubes de liquide. Vous lisez sur les premiers :

1° *Iodure de potassium* — ou hydriodate de potasse.
2° *Iodure d'ammonium.*
3° *Iodure de cadmium.*
4° *Iode pur.*
5° *Brômure de potassium* — ou bromhydrate de potasse.
6° *Brômure d'ammonium* — ou bromhydrate d'ammoniaque.
7° *Brômure de cadmium.*

Sur les grands flacons :

1° *Collodion normal* que vous avez fait (§ 55) et *étiqueté.*

2° *Éther sulfurique* à 56° ou à 62°.

3° *Alcool rectifié* à 36° ou à 40°.

Nous allons nous munir également, avant de commencer, des ustensiles suivants placés à portée de la main :

Trois flacons propres de 200 grammes à bouchons de liége neuf, un entonnoir moyen, une éprouvette

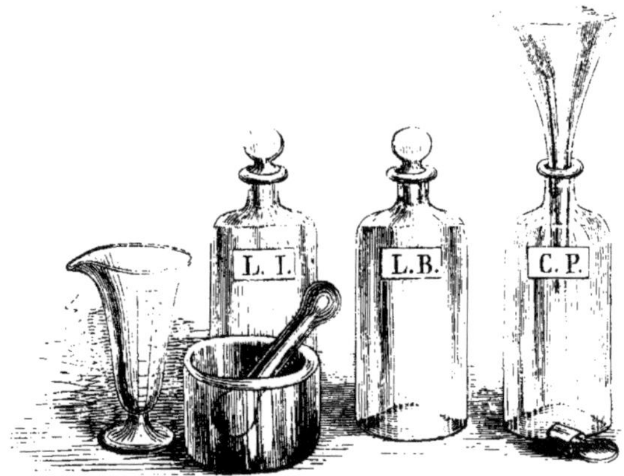

Fig. 14.

graduée, un petit mortier en cristal et son pilon (fig. 14).

61. — Nous allons maintenant, ô chimiste en herbe, composer des liqueurs *sensibilisatrices*, retenez bien ce nom, mais ne vous effrayez pas de nos opérations : elles ne sont ni plus compliquées ni plus difficiles que la fabrication d'une salade, et encore!...

Sur un des flacons, celui de gauche, mettez l'entonnoir ; mesurez avec l'éprouvette placée à gauche :

Alcool............................ 250 cc.

que vous versez dans l'entonnoir.

Prenez successivement et mettez à mesure dans le petit mortier de verre (fig. 14), placé en avant :

Iodure de potassium................ 10 grammes.
Iodure d'ammonium................ 10 —
Iodure de cadmium................ 10 —
Iode pur........................ 2 —

Délayez en triturant avec le pilon, au moyen d'un peu d'alcool du flacon et finissez par faire entrer dans ce vase tous les sels, même ceux qui ne seraient pas fondus. Au moyen de l'alcool qu'on reverse plusieurs fois, c'est facile, vous obtiendrez ainsi une liqueur brune foncée. Vous boucherez le flacon, le secouerez et l'étiqueterez : *liqueur iodée.* L. I.

Dans le second flacon, mesurez de même et versez dans l'entonnoir (que vous aurez lavé ainsi que le mortier) :

Alcool .... 250 cc.

Broyez et ajoutez :

Brômure de potassium.............. 2 grammes.
Brômure d'ammonium.............. 2 —
Brômure de cadmium.............. 2 —

Vous aurez un dépôt assez fort de sel non dissous, et une liqueur incolore que vous étiqueterez : *liqueur brômurée.* L. B.

Laissez reposer ces deux bouteilles jusqu'à demain, elles nous serviront à faire du *collodion photographique.* C. P.

62. — Dans le troisième flacon, vous mettrez, au

moyen de l'entonnoir bien lavé et séché, et en mesurant à l'éprouvette graduée :

Collodion normal du § 55............ 100 cent. cub.
Éther sulfurique................... 30   —
Alcool............................ 50   —
Liqueur iodée L. I................. 25   —
Liqueur brômurée L. B............. 25   —

Ce mélange bien secoué vous donnera un liquide rouge jaunâtre analogue à du cuiraçao, que vous boucherez avec soin, placerez à l'obscurité, et étiqueterez *collodion sensibilisé* ou collodion photographique : C. P. (telle date). Ce collodion sera demain divisé dans les petits flacons (fig. 15) que j'ai fait faire exprès et dans lesquels le collodion se clarifie avec une grande rapidité.

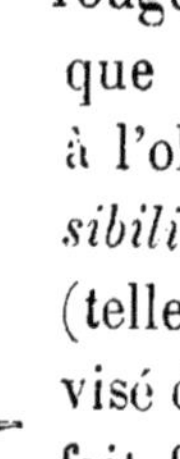

Fig. 15.

Plus vieux d'un jour ou deux encore, il sera bon à servir et se conservera parfait pendant six semaines au moins. Passé ce temps, il pourra devenir inconstant, et vous ne serez pas encore assez savant mon pauvre néophyte, pour modérer ses écarts et le maintenir dans les limites d'un service régulier et facile : jettez-le. La dépense sera minime ; il faut, pour ne rien perdre, faire du collodion seulement au fur et à mesure de ses besoins.

65. — Nous avons encore une préparation à faire et puis nous serons en mesure de commencer le grand œuvre ; mais je pense qu'avant de mettre la main à la pâte et pendant que nous manipulons, je vous ferai composer de suite les substances nécessaires pour compléter l'opération et parfaire l'image négative.

Nous allons d'abord composer un bain qui porte le nom de *sensibilisateur* ou *excitateur*. C'est en effet dans son sein que la couche de collodion puise la propriété d'être sensible, les sels § 60 que nous venons d'introduire dans notre collodion photographique § 62, ne contenant cette propriété qu'à l'état latent.

64. — Vous choisirez, eu égard à la dimension de votre chambre noire et par conséquent des glaces qui se placeront dans son châssis, une des cuvettes en verre et bois

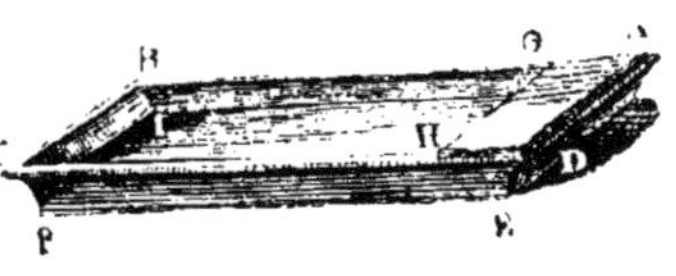

Fig. 16.

que vous avez ici, fig. 16. Précisément en voici une ABCD, à recouvrement H G construite pour cet usage.

Mesurez dedans à l'éprouvette graduée B (fig. 12) :
(une fois pour toutes, ces vases A, B, C, D, (fig. 12)
servent à la distribution de tous les liquides comme
la balance à la répartition de tous les corps solides.)

Eau distillée............................ 100^{cc}
Azotate ou nitrate d'argent fondu........ 8 gr.

Quand ce sel sera fondu placez-vous à l'obscurité
et ajoutez :

Liqueur iodée ; L. I, § 61................ 1^{cc}.

Il se formera dans le liquide un corps jaune léger ;

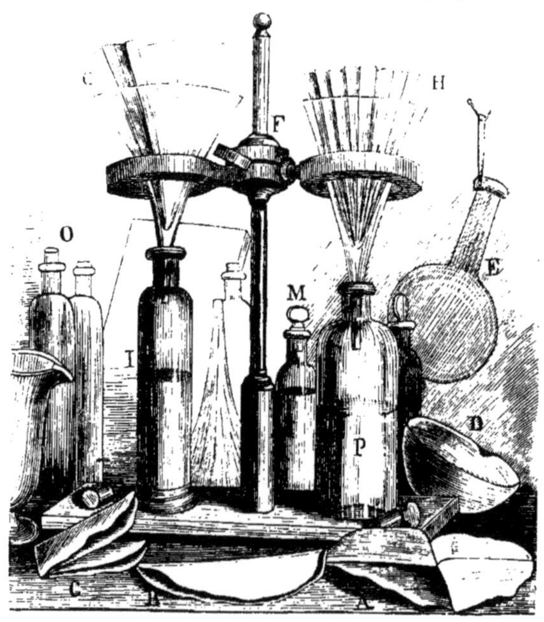

Fig. 17.

vous remuerez et il disparaîtra ; en même temps vous
aurez placé sur un flacon propre P, fig. 17 ou B D,

fig. 22, un entonnoir en verre muni de son filtre H en papier, bien enfoncé (fig. 17); vous verserez ce bain qui passera parfaitement limpide et vous vous garderez bien de jeter le filtre au rebut. Il peut vous servir un mois tous les jours à filtrer votre bain dans sa cuvette avant de travailler. Ce papier imbibé d'azotate d'argent n'en absorbera plus autant qu'un neuf. Or, vous savez que l'*azotate* ou *nitrate d'argent*, vulgairement *pierre infernale* est un corps cher, qu'il fait bon économiser.

Vous remarquerez sur la table (fig. 17) les feuilles de papier A, B, C qui servent à faire un filtre lisse que vous voyez enfermé dans l'entonnoir de gauche G.

Ce filtre suffit à la majeure partie des cas. On plie en deux comme B la feuille ronde A, puis encore en deux comme C, puis, mettant trois plis d'un côté et un de l'autre, on place le tout dans l'entonnoir G que l'on choisit évasé comme l'indique la figure.

Pour faire le filtre à plis H que contient l'autre entonnoir du support F on continue à ployer le papier C dans un certain ordre. En demandant une leçon à votre pharmacien, il vous en apprendra plus en cinq minutes que moi en deux pages d'explications. Il y a des choses qu'il faut voir faire.

Remarquons en passant (fig 17) : une capsule de porcelaine D pour faire chauffer la dissolution de gomme arabique, § 119, etc., pour mettre l'albumine (fig. 33, § 161); un ballon de verre E; des flacons grands O, I, à préparer le collodion pharmaceutique (§ 52) ou les liqueurs (§ 61); M un petit flacon à verser le même collodion ; une éprouvette ; des glaces propres derrière I, etc., etc.

65. — Je n'ai pas besoin de vous faire remarquer que c'est au moyen du nitrate d'argent qu'on marque le linge, par conséquent, ce bain et tous ceux où entrera ce corps, marqueront votre peau et vos habillements en noir s'il les touche. Arrangez-vous en conséquence. Comme remède à cet inconvénient, capital seulement pour le photographe honteux, je vous donnerai un moyen simple et facile.... d'une efficacité incontestée.... c'est de garder vos mains noires. Au bout de huit jours, la peau s'écaille et il n'y paraît plus. Qui veut la fin veut les moyens, et j'aime mieux, mon cher élève, vous voir les mains noires que les bras enflés par l'infiltration d'un poison terrible, l'*acide prussique*, seul dissolvant du nitrate appliqué sur vos doigts.

66. — N'employez jamais ce moyen dangereux ; vous pouvez y perdre votre santé. Renoncez à la photographie, si vous avez absolument besoin d'avoir les mains blanches. De même que vous renoncerez à la chasse, si vous craignez les accrocs et les ampoules, à tourner, si vous redoutez les durillons, et à peindre si vous avez peur des taches d'huile, de couleur et de vernis.

Chaque chose utile emporte avec elle sa dose d'inconvénients en ce bas monde.

67. — Vous avez eu soin de boucher le *bain sensibilisateur* et d'étiqueter de ce nom le flacon en y mettant la date de la confection, et la quantité d'azotate d'argent pour 100 parties d'eau : 7 pour 100, 8 pour 100, 10 pour 100, etc.

Nous allons continuer la confection des autres liqueurs indispensables ; puis, quand tout cela sera rangé, étiqueté et prêt à servir, nous marcherons droit au but, avec des moyens préparés d'avance et sans être obligés de revenir sur nos pas.

DU DÉVELOPPEMENT.

68. — Sous ce nom, nous avons besoin de deux liqueurs que nous allons préparer à présent, et qui nous serviront chaque jour, à chaque opération ; il vous faudra donc ici faire une certaine provision.

Voici devant vous (fig. 18) tous les corps réunis dont nous avons besoin.

On trouve dans le commerce d'épicerie ou droguerie à peu près partout, deux ou trois *sels*, c'est-à-dire deux ou trois *corps cristallisés* que l'eau dissout et qu'on appelle des couperoses. Pourquoi ? Je ne saurais vous le dire ; on connaît la verte, la bleue et la blanche. Nous n'aurons besoin que de la première, la verte ; c'est un sel de fer dont le nom chimique est *protosulfate*. Vous le voyez dans un col bas placé au milieu de la figure 18 et portant sur l'étiquette PF : protosulfate de fer.

Le commerce fournit à très-bon compte ce sel en grandes masses, parce qu'il est employé pour la teinture des étoffes. A ce propos, je vous dirai que si vous faites avec ce sel des taches sur votre linge, elles seront ce qu'on nomme des *taches de rouille*, et comme telles pourront s'enlever avec de l'eau de javelle, etc.

69. — Nous allons donc choisir un flacon ou un col qui tienne au moins 1 litre à 1 litre et demi ; on le voit à droite de la figure 18 ; nous y introduirons de ce sel en beaux cristaux verts d'eau, nommé *protosulfate de fer*, à peu près à moitié de sa capacité. Nous remplirons le surplus d'eau *bouillie*, d'eau de pluie, ou simplement d'eau de rivière.

Évidemment les cristaux seront trop nombreux pour fondre tous, c'est ce que nous voulons ; il faut que nous gardions un excès de ce sel que l'eau ne puisse plus faire fondre, auquel cas on dit qu'elle est *saturée*.

70. — Nous étiqueterons ce flacon : *Eau saturée de protosulfate de fer*, ou comme fig. 18 : *Sol. Sat. P. F.*

Toutes les fois que vous prendrez de cette solution, vous remettrez du sel vert P. F. (fig. 18) et de l'eau, de façon que le flacon soit toujours plein et l'eau toujours saturée.

Vous avez demandé chez votre marchand de produits chimiques de l'*acide acétique cristallisable*. Le voilà, A. A, dans le flacon long bouché à l'émeri (fig. 18) ; c'est ce qu'on nomme *vinaigre radical* ou *vinaigre des quatre voleurs* ; encore un nom bizarre dont la provenance peut fournir pas mal d'histoires. Vous avez de l'alcool, § 54, et vous venez de vous en servir, § 62.

71. — Commençons : nous allons mélanger dans un flacon à bouchon de liége, de 250 grammes, bien

lavé et en nous servant toujours d'une des éprouvettes
graduées (fig. 12) :

Eau saturée de protosulfate de fer :
    Sol. Sat. P. F. fig. 18................ 50 cent. cub.
Eau distillée ou de pluie............ 350   —
Alcool à 36°..................... 25   —
Acide acétique cristallisable A. A.
    fig. 18......................... 15   —

Toutes ces liqueurs seront jetées dans le même filtre
placé dans un entonnoir sur le flacon, et par consé-

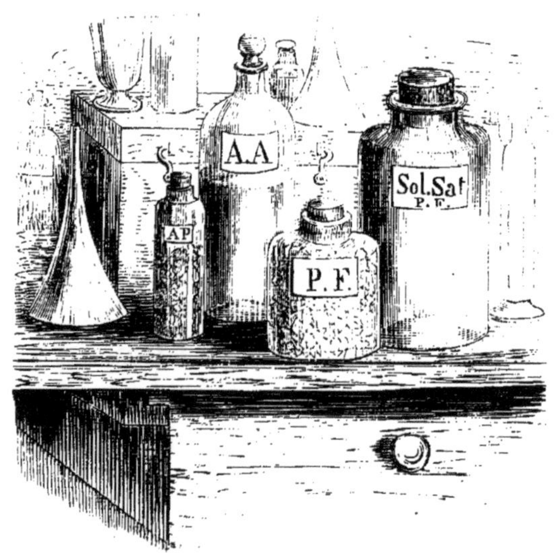

Fig. 18.

quent les impuretés ou dépôts ne se trouveront pas
dans la solution définitive que vous étiqueterez :
Développement au fer.

J'ai omis de vous recommander de choisir votre
couperose verte en cristaux verts bien transparents et

non recouverts de poudre jaune ou blanche ; cette efflorescence est nuisible à vos opérations futures.

Le flacon de solution saturée doit être tenu *bouché*, de même que le *col* P. F. (fig. 18) où vous conserverez votre provision de protosulfate de fer en cristaux.

72. — Je vois d'ici, dans un autre petit col en verre jaune, AP (fig. 18), une substance légère, blanche, en flocons, possédant une légère odeur de fumée, une saveur âpre que je ne vous engage pas à goûter. Ce corps porte le nom d'*acide pyrogallique ;* nous allons en faire usage : c'est un corps très-léger, dont nous pèserons par conséquent de petits poids, tout en ayant un gros volume. Il faut des balances pas grandes et très-bonnes. Si nous n'en possédions pas de bien sensibles, nous tâcherions d'en trouver une qui pût peser 4 grammes, par exemple, et nous diviserions, à vue d'œil, avec un couteau en bois et sur une feuille de papier, cette substance, d'abord en deux tas égaux, puis chacun encore en deux, puis chacun de ceux-ci encore en deux, ce qui nous donnera très-approximativement des demi grammes ou 0,50 gr. d'acide pyrogallique. C'est tout ce qu'il nous faut.

Chaque petit tas sera enfermé dans un papier et mis ainsi dans un col à large goulot bouché dans le genre de celui P. F. (fig. 18), pour servir au besoin.

73. — Nous allons bien nettoyer un flacon de 250 grammes et y préparer le mélange suivant :

Acide pyrogallique........... 0^{gr}, 50 = (1/2 gr.).
Eau distillée ou de pluie filtrée.. 150 ^{cc}
Acide acétique cristallisable... 6   —

Maintenant que nous savons que tous les centimè-tres cubes se mesurent à l'éprouvette graduée, je ne le dirai plus.

Ce flacon sera étiqueté : *Développement à l'acide pyrogallique*, et conservé à l'obscurité dans le labo-ratoire. Il ne faut pas faire ce mélange en grandes quantités, il perd ses propriétés en vieillissant, et au bout de huit jours ne vaut plus rien. Calculez suivant vos besoins présumés et refaites-en deux fois plus tôt qu'une trop abondante.

74. — Dans le coin le plus reculé de notre laboratoire, nous allons installer deux cuvettes l'une à côté de l'autre ; une un peu plus grande que vos glaces les plus grandes, au milieu de laquelle nous renverserons, le pied en l'air, un verre à champagne ; si le pied est cassé, cela ne vaudra que mieux ; nous pouvons également employer un entonnoir renversé, mais tant qu'il est bon, il trouve son emploi ; le verre cassé, au contraire, n'a plus que celui de support que nous venons de lui inventer. La seconde cuvette, beaucoup plus grande, peut être faite en bois de peuplier et doit recevoir des eaux de lavage, qu'un petit conduit en caoutchouc conduira dehors au besoin. La première cuvette peut être en gutta-percha ou en porcelaine. La gutta, à cause de sa couleur noire, est préférable.

75. — Vous allez faire choix d'un flacon d'au moins 1 litre : tous ces flacons peuvent être des bouteilles ordinaires de cette capacité, la forme du contenant n'influe pas sur son contenu, et il est convenu, une fois pour toutes, cher lecteur, que nous ne cherchons pas le luxe; nous poursuivons le but de vous faire réussir vite et certainement. Ce flacon d'un litre sera rempli d'eau distillée ou d'eau de pluie bouillie et bien filtrée, puis vous y ferez fondre :

Cyanure de potassium............ 35 grammes.

Arrêtons-nous ici ! Ce corps est un *poison* très-énergique dont le maniement exige la prudence de l'âge mûr. Si vous êtes encore jeune, ô lecteur, remplacez ceci par la recette suivante, qui va moins vite, mais présente une innocuité absolue.

Mettez dans votre litre d'eau assez de ces cristaux blancs d'*hyposulfite de soude* pour que l'eau ne les dissolve plus ; elle sera saturée, c'est l'état où nous en avons besoin.

76. — A chaque instant, dans le cours des opérations, nous devrons laver la surface d'un corps ;
ce lavage doit être abondant ou léger, rapide ou lent
à volonté. Nons obtiendrons toutes ces nuances, en
nous servant du flacon laveur AB (fig. 19), dont nous
allons construire dès maintenant trois ou quatre
exemplaires de différentes formes.

Pour que nous puissions faire un flacon laveur, il
faut, cher élève, que
vous sachiez couper et
couder les tubes de
verre. Vous trouve-
rez ces renseignements
avec mille autres, à
leur ordre alphabéti-
que, dans le *Répertoire*

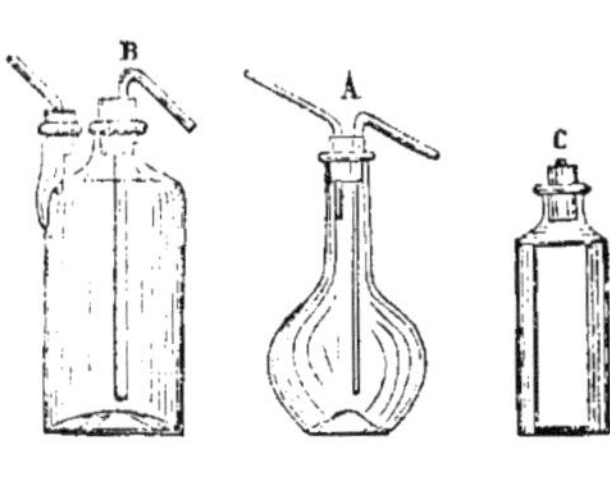

Fig. 19.

encyclopédique de la photographie. Ce serait ici
une redite inutile. Qu'il vous suffise de savoir que
cette petite opération est la chose du monde la plus

simple. Il en est de même du perçage d'un bouchon. — Vous souriez, vous me trouvez puéril et
vétilleux dans mes observations. En fait de sciences,
et la photographie en est une par ses rapports et ses
emprunts à la chimie, il n'est pas de précautions
négligeables. Percer un bouchon demande du soin,
de l'adresse pour que les tubes joignent bien. Vous
trouverez encore au même ouvrage les renseignements
nécessaires, car on y trouve tout ce qui, de près ou
de loin, est utile à la photographie.

77. — Pour faire un flacon laveur, on prend un
flacon à deux tubulures, deux *goulots* si vous voulez,
et si vous pouvez vous en procurer, ce qui, à la campagne, n'est pas toujours facile. Seulement ce n'est
point une nécessité; au lieu de percer un trou dans
chaque bouchon séparé, nous en percerons deux dans
le même, et nous nous servirons de la première bouteille venue, pourvu que nos deux tubes côte à côte
puissent laisser dans le goulot un peu de place au
bouchon.

78. — L'un des tubes B à droite (fig. 19) va
jusqu'au fond de la bouteille, l'autre est plus court,
c'est celui qui verse l'eau; l'autre introduit sans se-
cousses l'air qui peu à peu remplace l'eau sortie et
procure ainsi un écoulement constant et sans soubresauts. On peut, en soufflant dans le tube B, rendre
le jet très-rapide et plus intense, mais en général le
poids de l'eau suffit et au delà pour le lavage délicat
des couches de collodion humide.

79. — L'eau de lavage doit toujours être filtrée :

un grain de sable égaré peut perdre la plus magnifique épreuve.

Il est encore facile, quand on a une petite fontaine suspendue à hauteur d'homme, d'attacher au robinet un tube de caoutchouc terminé en pointe ; en le serrant plus ou moins entre les doigts on varie le jet suivant les besoins ; mais ce système offre l'inconvénient de n'être pas portatif. Vous pouvez installer une semblable fontaine au-dessus de la cuvette à développement H (fig. 25), dont nous nous servirons tout à l'heure, mais il ne vous en faudra pas moins un flacon laveur près des cuvettes de fixage et encore ailleurs.

80. — Tout est prêt : la chambre noire, si nous faisons un paysage, est en station et au point. Si nous faisons un portrait, nous pouvons ne mettre au point le modèle qu'un peu plus tard pour lui épargner une station fatigante ; nous ferons cette opération pendant l'application du bain sensibilisateur, souvenez-vous-en.

Nous commençons :

81. — 1. Vous me présentez des glaces, mais sont-elles nettoyées ? Êtes-vous sûr que leur surface est parfaitement nette et ne contient aucune trace de matières grasses ? Elles ont dû être frottées avec un mélange de :

Cyanure de potassium............ 20 grammes.
Carbonate de potasse.............. 15 —
Eau ordinaire.................... 100 ^{cc}.

au moyen d'un petit tampon de linge ; puis, avec *la main seule*, frottées dans deux autres eaux propres, consécutives ; sorties alors, mises à égoutter sur un papier buvard, et de suite, avant qu'elles sèchent, essuyées avec un linge fin et propre de coton usé (calicot) ne donnant pas de peluches.

Tout ceci est la partie ennuyeuse, ingrate et fatigante de la photographie, mais la plus indispensable puisque c'est le fondement de l'édifice, et que vous serez obligé de convenir avec moi, cher élève, que la plus belle épreuve, l'image la plus artistique du monde ne sera bonne à rien, si elle présente une tache en son beau milieu ! Et sur cent taches, quatre-vingt-dix viennent du lavage et du nettoyage des glaces faits sans soin. Veillez-y donc attentivement ; si vous ne le faites pas vous-même, faites-le exécuter sous vos yeux, et surtout que jamais les mains nues ne touchent (surtout en été) la surface d'une glace *nettoyée* et *prête à servir*.

82. — II. Vous le voyez, je débouche avec précaution le flacon de collodion (fig. 15) que nous préparâmes avant-hier ensemble § 62, il est parfaitement limpide depuis que nous l'avons décanté dans les petits flacons que je vous ai montrés et qui sont coulés dans ce but.

Passant légèrement et de la main droite un blaireau F (fig. 22) pour enlever les petites poussières que l'air vient de déposer sur la glace que je tiens de la main gauche (fig. 20) par l'angle gauche A du côté le plus près de mon corps, je dépose le blaireau, et saisis de la main droite le flacon C, puis je verse franchement et sans hésitation le collodion vers le point R de la glace tenue horizontalement. Le coin D se couvre immédiatement : par une légère, bien légère inclinaison vers la gauche, j'y amènerai le collo-

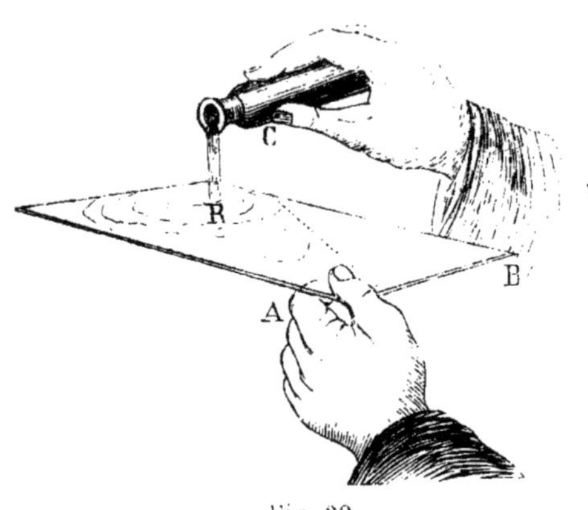

Fig. 20.

dion. Sitôt qu'il l'a atteint, je le fais descendre doucement vers ma main A, et pendant ce trajet, je l'aide en continuant un très-mince filet de collodion avec le flacon, suivant la diagonale un peu courbe pointée sur la figure. Au moment où la nappe va atteindre mon pouce, j'incline la glace, vers la droite, le collodion gagne alors l'angle B, par lequel s'écoule le surplus dans le flacon C (fig. 21).

83. — Pendant que les dernières gouttes tombent, je fais prendre à la glace sans qu'elle quitte le goulot du flacon par ses angles, les deux positions (fig. 21) à angle droit l'une de l'autre, et qui ont pour but de permettre à l'action de la pesanteur d'effacer en se croisant les ondes qui ont pu se produire à la surface de la couche de collodion.

84. — Vous avez parfaitement suivi ce petit tour

de main bien simple : encore une dizaine d'essais et vous serez passé maître, ce n'est pas plus long ni plus difficile que cela. Ne versez pas l'excédant trop vite (fig. 21), le liquide en se précipitant formerait des vagues ou *moutons* qui persisteraient, et vous donneraient une image inégale comme une feuille de papier contenant des grumeaux.

Il faut que le collodion, depuis le moment où il

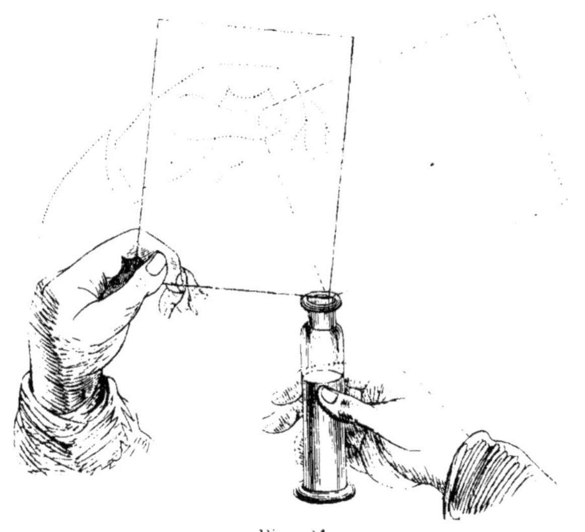

Fig. 21.

touche la glace, jusqu'à celui où il rentre dans le flacon, ne s'arrête pas, ne revienne pas sur lui-même, et marche doucement, sans soubresauts ni cascades.

85. — III. Le bain d'argent sensibilisateur vient d'être filtré d'avance dans sa cuvette en verre et bois C D (fig. 22) à recouvrement R, ou (fig. 23), sans quitter la glace A B que vous tenez toujours de la

main gauche (fig. 21), vous soulevez de la droite la
la partie droite C D de la cuvette A B C D, vous ap-

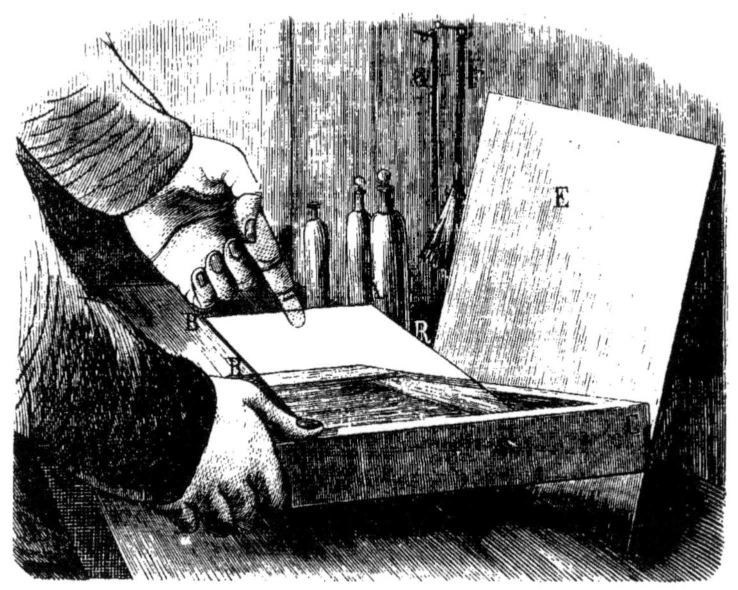

Fig. 22.

puyez vers l'angle du fond le côté C D de la glace
(fig. 22), le bain s'est alors retiré en R sous le recouvrement; vous laissez retomber en même temps la
glace dans la cuvette, et la cuvette sur la table. Le
bain ramené brusquement sur la couche de collodion, la baigne d'un seul jet et sans temps d'arrêt.

Je n'ai pas besoin de rappeler que toutes ces opérations et les suivantes se font à la lumière jaune du
laboratoire.

86. — Pendant que la glace est au bain, on ferme
la cuvette au moyen d'une glace E (fig. 22) couverte

de plusieurs doubles de papier noir, et l'on sort du
cabinet pour procéder à la mise au point du modèle
(fig. 3) auquel on fait prendre la pose la plus convenable et la moins gênée possible.

En rentrant dans le laboratoire, on pose le châssis
négatif E (fig. 23) à côté de la cuvette F G du bain
d'argent, et l'on prépare une bande de papier buvard
de la longueur de la glace et d'une largeur moyenne
de 4 à 5 centimètres.

87.—Au moyen du crochet d'argent G (fig. 22), H,
(fig. 23), on soulève, en l'introduisant dessous, la
glace avec précaution, et l'on regarde en recevant le
jour jaune sur sa surface, si la couche de collodion est
uniformément mouillée, et si l'eau du bain ne se retire
pas par place comme sur une surface grasse. Quand
ce résultat est atteint, la couche est sensibilisée à son
maximum et prête à servir.

88. — Elle ne doit pas attendre en cet état, hors
du bain, plus de 5′, parce qu'elle sécherait aux angles et pourrait donner des à-jours et des taches.

Soulevez la glace par le crochet (H fig. 23), repre-
nez-là de la main gauche par le même coin où vous
la teniez (fig. 20); ce coin, non garni de collodion, évite des taches et des déchirements si vous
touchiez à la couche si sensible et si fragile de cette
matière. Vous posez la glace dans le châssis E (fig. 23)
sur les supports en ivoire qui garnissent les angles.
Vous mettez la bande de papier buvard de manière
qu'elle puisse absorber, par capillarité, le liquide qui
s'accumulera au bas de la glace. Vous fermez la porte

du châssis, et, tenant celui-ci toujours verticalement dans le même sens, vous le portez à la chambre noire C (fig. 3).

89. — Il faut avoir soin, en sortant la glace du

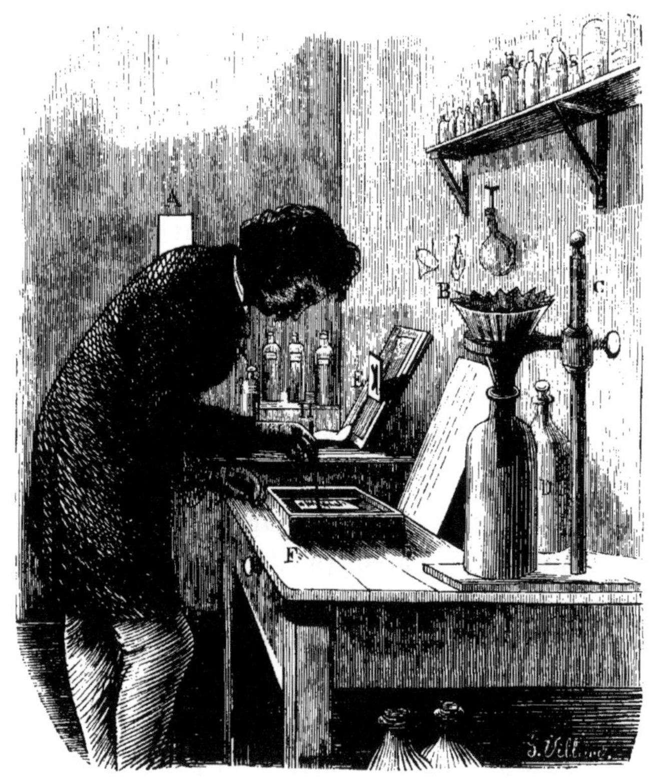

Fig. 23.

bain d'argent, de la laisser égoutter au-dessus le plus possible, d'abord pour ménager le bain, et ensuite pour éviter l'accumulation du liquide dans le châssis qu'il dégrade, où il se réduit en argent métallique que

la capillarité du liquide entraîne sur la couche qu'il
tache d'une manière indélébile.

90. — IV. S'il s'agit de faire un paysage, on véri-
fie le point de la chambre noire une dernière fois, on
enlève la glace dépolie C (fig. 6), si elle est mobile;
si elle est à charnière, on la rabat seulement, on
place le châssis négatif que l'on tient dans ses cou-
lisses ou ses repères, l'assujettissant bien par ses
arrêts. On ferme alors l'objectif au moyen de son obturateur D ou M (fig. 7 et 8), on soulève la trappe intérieure du châssis J (fig. 6) par le petit cuir qui déborde, pour mettre à découvert la surface sensible à
l'intérieur. Enlevant alors l'obturateur D ou M, on
compte les secondes pour apprécier exactement le
temps de pose nécessaire.

91. — S'il s'agit d'un portrait, il faut d'abord as-
sujettir la tête du modèle au moyen d'un des appuis-
tête A B C D de la fig. 24. Le plus simple, le moins
cher et celui qui suffit à l'amateur, c'est celui qui se
fixe au dossier du siége. Il est marqué C, est en bois,
se démonte et se replace facilement en un moment.
Ceci fait, il est utile, après avoir vérifié la position
du modèle et le point de la chambre noire, d'aver-
tir, avant d'enlever l'obturateur, la personne qui
pose, que la fixité de l'œil n'est pas une condi-
tion de réussite indispensable; qu'elle peut battre les
paupières suivant sa tendance naturelle, sans altérer
en rien la pureté du portrait. Et, en effet, le temps employé à ce mouvement est inappréciable dans la plupart des cas. Nos mouvements les plus rapides em-

ploient environ un dixième de seconde à s'exécuter :
or, si nous posons 10 secondes, terme moyen pour un

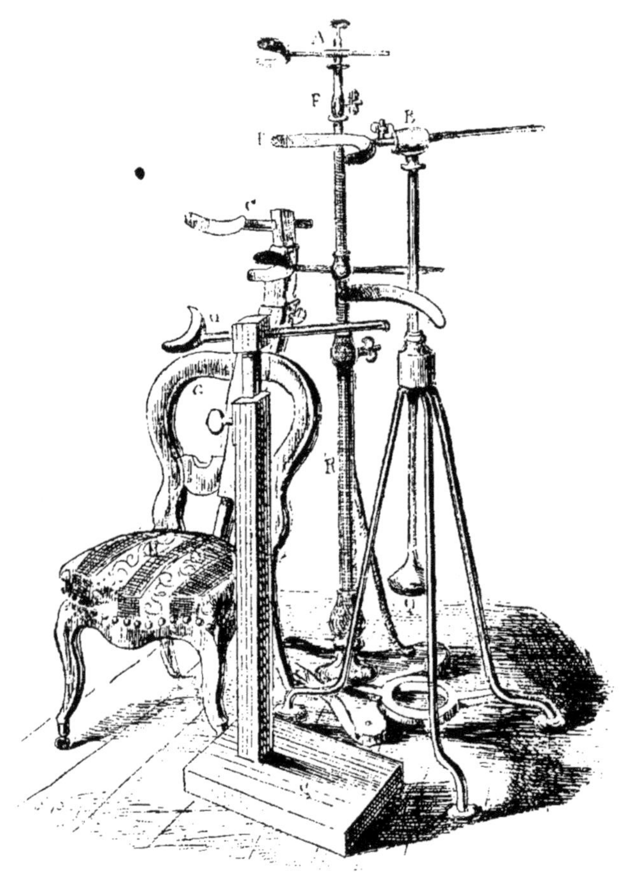

Fig. 24.

portrait, chaque mouvement emploiera un centième
du temps total ; et comme on peut admettre que l'intensité de l'image est proportionnelle au temps d'ex-

position, il s'ensuit que ce mouvement impressionnera la couche sensible d'un centième de la valeur des blancs, ce qui échappe à l'observation.

92. — Je viens de vous dire que l'intensité de l'image obtenue ou du *négatif sur collodion* était *proportionnelle* au temps d'exposition à la lumière ; il faut que j'ajoute immédiatement ces mots : *dans certaines limites.* En effet, du terme : *zéro impressionnement,* jusqu'à un certain nombre de secondes, l'intensité de l'épreuve *croît;* mais au-delà, elle diminue, et partie de néant, y retourne au milieu d'un nuage de brouillard. Ce maximum d'action utile, c'est le *temps de pose.*

Cette évaluation difficile est une chose de sentiment pour laquelle aucune règle ne peut être posée. Je me hâte de vous dire cependant, cher élève, que je vous enseignerai des moyens détournés de remédier à vos erreurs en ce genre. Toujours est-il qu'il existe un certain laps de temps au bout duquel les grandes lumières ont acquis la capacité de produire toute leur valeur en se couvrant d'un noir absolu. Si vous prolongez ce temps, le noir devient rougeâtre, translucide (on le dit alors *brûlé* ou *solarisé*), puis gris, puis d'autant moins accusé que les demi-teintes prennent la valeur des clairs et que les ombres deviennent des demi-teintes. L'image se noie dans un voile gris général, et, au lieu d'apparaître sur le collodion, se trouve sous sa surface et contre la glace.

93. — L'évaluation exacte du temps de pose est donc une des choses importantes et en même temps délicates de la photographie. Elle dépend des causes suivantes qui peuvent se combiner à l'infini, et c'est merveille de voir que vous, qui aujourd'hui ne connaissez rien, arriverez en peu de temps à juger, à votre insu, l'ensemble de ces causes fugitives. Ce sera l'impression de la lumière sur votre œil, et en même temps l'habitude des réactions qui seront surtout vos guides. Je ne mets pas de côté votre jugement et votre tact, nous avons besoin de tout cela.

94. — *Le temps de pose* ou *durée d'exposition* varie avec :

1° *La rapidité de l'objectif :* qualité qui dépend de sa construction et de la nature de ses verres : tel objectif fait en 5″ ce qui demande 20″ à tel autre. Les Allemands sont plus rapides que les Français et les Anglais.

95. — En général, cette rapidité, pour une même fabrication, est proportionnelle à la grandeur d'ouverture, et inverse de la longueur du foyer. Je m'explique : la grandeur de l'ouverture admet dans le même temps une quantité plus ou moins considérable de rayons lumineux ; plus l'ouverture est grande, plus il en entre, plus il y en a qui agissent sur la couche sensible. D'autre part, vous vous rappelez ce que c'est que le foyer et la longueur du foyer (§ 15, fig. 1) ; eh bien ! plus ce point est rapproché de la face postérieure des lentilles, plus l'image se produit rapidement. Je n'ai pas besoin de vous expliquer pourquoi ; c'est un fait, et le fait vous suffit quant à présent. Si vous en voulez une explication, vous la trouverez encore dans le *Répertoire encyclopédique de la photographie*, partie alphabétique non périodique, aux mots : *foyer, lentilles, prismes, mise au point*, etc., etc., et dans les parties mensuelles périodiques, çà et là, où l'on en aura parlé.

96. — 2° *La sensibilité du collodion* dépend de sa formule, de sa préparation, des produits employés, de son âge, c'est-à-dire du temps écoulé entre sa fabrication par vous et son emploi. Le collodion sensibilisé est mauvais les premiers jours, puis bon, puis très-rapide; puis moins rapide, enfin défectueux, criblé de trous, ne donnant plus d'image. Et tous ces changements peuvent avoir lieu dans une période de deux mois comme de deux ans. . . . Rassurez-vous, un flacon du collodion dont vous avez la formule m'a donné, au bout de sept mois, un négatif parfait d'une reproduction de gravure.

97. — 3° *Les ombres de l'objet à reproduire*. Les ombres ou l'éclat des corps modifient considérablement leur effet actif sur nos yeux : vous savez comme moi qu'une robe de satin *jaune* ou *rouge* est plus éclatante qu'une pareille robe *rose* ou *bleu de ciel;* votre œil a été plus fortement impressionné par la première que par la seconde. Eh bien, mon cher élève, c'est le contraire, juste, pour l'œil de la photographie! Pour elle, le jaune et le rouge sont complétement *obscurs*, tandis que le bleu et le rose sont très-*lumineux* et très-*éclatants*.

98.—Nous voici arrivés à un des points délicats et tout à fait inexpliqués de la photographie. Nul ne sait pourquoi telle couleur affecte plus fortement que telle autre la surface sensible : et le plus extraordinaire encore, c'est que chaque surface sensible faite avec un corps différent : iode, brôme, chlore, est impressionnée différemment par les rayons d'une même couleur. Le vert des feuillages n'aura pas d'action sur les composés à base d'iode et donnera un noir complet, tandis qu'il a de l'action sur les composés du brôme; ce qui fait que nous avons mêlé ces corps dans la composition de notre collodion (§ 62), de façon à pouvoir rendre en moyenne la plupart des couleurs de la nature.

99. — 4° *La distance du modèle*. L'intensité de la lumière décroissant en raison inverse du carré des distances, on devrait croire que plus on s'éloigne du modèle et plus il faudra de temps pour qu'il produise une impression suffisante sur la couche sensible. Pas du tout, c'est le contraire qui arrive. Les objets éloignés se reproduisent *plus vite* que les objets rapprochés. Pourquoi? c'est ici un fait de coïncidence de foyer, et pour vous l'expliquer, il faudrait des théories inutiles ici. Contentez-vous de le savoir, de l'expérimenter vous-même et de vous en souvenir.

100.—Comme conséquence immédiate de ce fait, vous me faites remarquer, et vous avez raison, que les horizons et derniers plans d'un paysage doivent venir plus vite que les premiers.

Il faut avoir égard à cela et ne pas craindre de prolonger assez la pose pour obtenir les détails nécessaires aux premiers plans; pendant ce temps, les

derniers généralement bleus ou violacés (par conséquent doués d'une couleur très-active), sont brûlés
ou, comme on le dit, *solarisés*, et au lieu de devenir
absolument opaques, acquièrent sur le négatif une
teinte rougeâtre translucide qui permet à la lumière
de passer légèrement, et fait que ceux-ci donnent,
au positif, une valeur agréable et harmonieuse à ces
lointains.

Pendant que l'impression lumineuse se modifie
ainsi en augmentant de transparence, après avoir atteint et dépassé un maximum d'opacité, les détails
des premiers plans s'accusent et font valoir par leur
vigueur les gris veloutés de l'horizon.

101. — 5° *L'heure du jour* influe également sur la
longueur de la pose : on a acquis la certitude que
la puissance impressionnante de la lumière est plus
considérable avant midi qu'après; cette différence
peut s'évaluer par une augmentation de temps de un
cinquième de midi à trois heures, comparés à l'heure
normale de neuf heures du matin. Au delà de trois
heures du soir, jusqu'à six heures en été, la pose
doit être largement augmentée de une demie d'abord,
puis de une fois, et même de deux fois sa valeur.

102. — La hauteur du soleil au-dessus de l'horizon
est encore une considération capitale. Il faut s'arran-
ger de façon à éviter le soleil *à pic;* car vous n'auriez plus d'ombres portées, partant un modelé et un
clair-obscur difficiles à obtenir et à comprendre.

Choisissez un soleil oblique accusant bien les reliefs, sans produire cependant des ombres trop allon-

gées ; les heures les plus favorables sont, le matin, de huit à dix heures et, le soir, de une à trois. Il est bien entendu que dans tout ceci nous parlons du paysage ou des monuments ; le portrait fait sans lumière solaire, par une réverbération du ciel au Nord, sort tout à fait de ces règles générales. Pour lui, toutes les heures sont bonnes, pourvu qu'il fasse assez jour, et que des rideaux nous permettent de disposer de la lumière suivant les règles convenables du dessin et de la perspective.

103.—6° *Les diaphragmes.* En montant sur votre chambre noire, les objectifs A B, fig. 7 et G H, fig. 8, vous avez dû remarquer un certain nombre de rondelles I, J, K, en cuivre noirci. Ces rondelles portent à leur centre des ouvertures circulaires de grandeur variable.

Évidemment, si nous plaçons une de ces rondelles I, J, K, fig. 8, qu'on nomme *diaphragme* dans le tube H de l'objectif, nous intercepterons d'autant plus de lumière que l'ouverture K sera plus petite. Par conséquent, la quantité de lumière admise diminuant, la *durée* de pose nécessaire pour avoir le même effet produit, augmentera.

104.—Dans quel but alors, me dites-vous, se priver ainsi d'une partie utile de son *rayon de soleil?* Mon cher élève, les hommes imitent grossièrement les œuvres de la nature : notre œil est une admirable chambre noire dont l'objectif est formé par une lentille merveilleuse appelée *cristallin* et placée en avant. Cette lentille est si parfaite que tous les rayons, en-

tendez-vous, *tous les rayons* qui la frappent, en face,
de côté, droits, obliques, tous ces rayons sont réunis
et ramenés par l'admirable organe à un point unique.
Nous avons imité, comme je vous l'expliquais, l'œuvre de la nature; mais nos lentilles, toujours défec-
tueuses malgré le soin minutieux avec lequel on les
taille, ne réunissent en un même point que les rayons
directs qui tombent vers leur milieu. Les autres
rayons obliques forment des images séparées qui, se
superposant les uns aux autres, rendent confuse et
sans vigueur l'image générale. Les diaphragmes ont
pour but d'empêcher l'accès de ces rayons obliques
et marginaux; et pour effet, par conséquent, de procurer une image aussi pure et aussi nette que le com-
porte la perfection relative de l'objectif.

105. — Le lieu où doivent être placés ces diaphragmes n'est pas indifférent, mais l'opticien a toujours
le soin de l'indiquer par une disposition quelconque
de la monture ou des rondelles. Les uns fig. 7 les
mettent en avant dans B, comme dans la plupart des
objectifs doubles français; c'est la position la moins
favorable, excepté pour les objectifs simples, fig. 8, I,
J, K, ou H. Les autres, entre les deux systèmes de
verre B et A de l'objectif double, fig. 7; c'est la disposition la plus rationnelle. Si vous vous procurez
un objectif orthoscopique, vous vous apercevrez que
les diaphragmes sont placés tout à fait à l'arrière. Ne
vous en étonnez pas, cela tient à la propriété particulière du dernier verre, qui est dispersif au lieu
d'être à foyer comme le système antérieur.

106. — Il est donc bien entendu qu'au moyen des rondelles-diaphragmes vous *augmentez* deux choses à la fois, la finesse de l'image et le temps de pose, en proportion de ce que vous diminuez la grandeur de l'ouverture par laquelle arrive la lumière. C'est très-simple.

107. — V. La pose est finie, le volet du châssis redescendu, le châssis rapporté dans le laboratoire, vous l'ouvrez, vous examinez la couche encore ruisselante de votre collodion. Qu'y voyez-vous? Rien. Il s'agit donc de vous servir du développement que nous avons préparé, pour faire apparaître l'*image* latente, c'est-à-dire *cachée*, que votre *crayon lumineux* a tracé. Dans un moment nous allons jouir de la récompense due à nos travaux et à notre patiente étude : nous aurons fixé le travail de la lumière, de notre intangible mais docile instrument.

Nous allons nous mettre, fig. 25, au-dessus de la grande cuvette II à développement et en face du carreau jaune A, de façon à bien voir, avec cette lumière, la marche de notre épreuve par réflexion et par transmission.

108. — J'ouvre la porte postérieure E (fig. 23) du châssis mis contre le mur et je saisis, comme vous le voyez (fig. 25), la glace C de la main gauche par le coin vide de collodion. J'ai versé tout à l'heure dans le verre à expérience une certaine quantité de la liqueur de fer, § 71, plutôt plus que moins; je prends ce verre de la main droite et je projette sur le collodion la liqueur d'une façon particulière et qui

n'est pas sans difficulté. Il faut que le liquide mouille
la surface sans *temps d'arrêt* qui formerait des taches
irrémédiables, et il ne faut pas cependant que ce li-

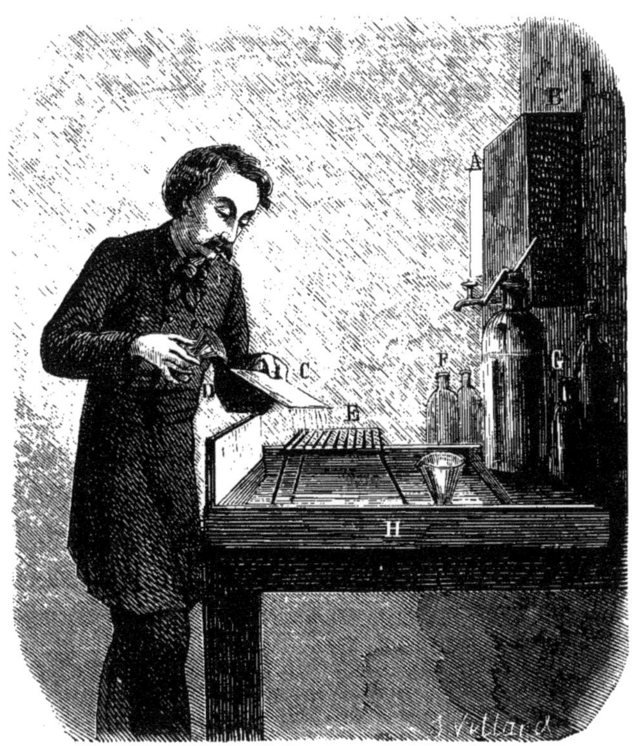

Fig. 25.

quide tombe *tout à la même place*, car il enlèverait
l'image.

A mesure que vous allez travailler, vous vous apercevrez, mon cher élève, que plus le bain d'argent
vieillira, plus vous aurez de difficulté à faire rapidement adhérer votre développement au collodion

mouillé. C'est un des signes auxquels vous reconnaîtrez qu'il faut faire un nouveau bain et user celui-ci dans le flacon à renforcement dont nous nous servirons tout à l'heure.

109. — Si à ce signe se joignent des épreuves grises, longues à se développer, c'est une seconde preuve de l'épuisement du bain; faites-en sans retard un neuf, car, sur dix insuccès, neuf viennent du bain d'argent.

110. — Mais le liquide développateur a mouillé la surface, une partie s'en échappe, vous reversez par un angle, dans votre verre, ce qui a été retenu sur la glace ; si vous avez été adroit, ce doit être la majeure partie du liquide projeté. Reversez encore sur le collodion, puis au bout de quelques secondes dans le verre, puis sur le collodion; promenez le liquide sur cette surface, en le faisant circuler doucement au moyen d'un petit mouvement de la main gauche. Reversez dans le verre, quand l'image n'augmente plus d'intensité; ajoutez quelques gouttes de solution d'argent au moyen du flacon C placé à droite de la figure 19 et recommencez votre manipulation en faisant marcher le liquide du verre à la couche de collodion et de celle-ci dans le verre. L'intensité de l'image augmente, votre liquide devient boueux, roule de petites paillettes d'argent métallique, c'est le moment d'arrêter. Jetez le liquide dans le bocal aux résidus placé à portée de votre main et lavez la surface du collodion au moyen du flacon laveur AB (fig. 19).

La figure 25 vous montre en G le développement

de fer dans son flacon ; en F, le renforcement à l'acide
pyrogallique ; en E, un support à vis calantes que
l'on tient de niveau et sur lequel on pose la glace
pendant qu'on fait les préparations diverses. Un peu
à droite, dans la grande cuvette, on voit le second verre à pied, lequel ne sert qu'à l'acide pyrogallique.

111. — VI. L'image paraît souvent très-complète
à ce moment, mais quand elle sera fixée, elle aura
descendu de ton et sera trop faible ; nous y pourvoie-
rons.

En ce moment, il faut passer dans le coin du laboratoire où nous avons placé deux cuvettes, en tenant
toujours la glace de la main gauche. Cette glace peut
voir le jour qui est sans action sur elle, au moins pour
un temps peu considérable. Appuyez le centre de
votre glace sur le pied du verre à champagne mis
dans la petite cuvette, maintenez la glace à peu près
horizontale et versez à sa surface de la solution de
cyanure de potassium, assez pour la couvrir. La partie
blanc-jaune qui forme le fond de l'image disparaît
par places et laisse les lignes parfaitement visibles :
reversez du liquide sur les endroits plus épais en
collodion qui ne se dépouillent pas aussi vite. Quand
toute teinte opaline a disparu, que la glace reste couverte d'une image négative formée de parties trans-
parentes et d'autres gris-brun plus foncées, il faut
laver au flacon-laveur.

Lavez abondamment l'endroit, l'envers et vos
doigts.

Évitez sur eux le contact du cyanure de potassium; d'abord, c'est un poison, je vous le répète; de plus c'est un réactif dangereux *pour la suite* de vos opérations et il est essentiel qu'il disparaisse; lavez donc suffisamment pour avoir la certitude que le liquide qui baigne le collodion et imbibe la couche n'est que de l'eau.

112. — Ces lavages sont faits au-dessus de votre plus grande cuvette, et vous voyez qu'elle se remplit vite et que nous avons eu raison de ne pas marchander sa capacité. Elle nous servira en outre à mettre tremper provisoirement les glaces de rebut chargées d'images inutiles ou manquées, et qui dans cette solution légère de cyanure reçoivent un commencement de dégraissage fort utile.

115. — VII. Vous remarquerez comme moi, mon cher travailleur, que notre image est fine, remplie de détails, mais d'une teinte gris-jaune ou gris-brun uniforme, et qu'elle manque de vigueur. Le but du *renforcement* est de remédier à cette imperfection apparente. L'épreuve est complète, seulement il faut la développer suivant sa capacité acquise sous l'influence lumineuse qui a ébranlé ses molécules en leur communiquant une force mystérieuse dont nous allons parler.

Nous avons là, près de la cuvette à développement II (fig. 25), un flacon F de liquide préparé et que vous avez étiqueté : *Acide pyrogallique*, § 72. Voici le moment de l'employer.

114. — Nous sommes revenus au-dessus de la

cuvette à développement H; versez dans votre *second*
verre à expériences une partie de votre solution et
répandez-la sur l'image, promenez un instant le liquide pour qu'il chasse partout l'eau qu'il remplace,
puis reversez dans le verre; ajoutez, au moyen du
flacon C (fig. 19), quelques gouttes de solution d'argent, reversez le tout sur l'épreuve, et ainsi de suite.
Plus vous ajouterez d'argent, plus le noircissement de
l'image marchera vite, mais plus vous courrez le
risque de voiler le fond et de faire des dépôts gra-
nuleux qui ne peuvent être enlevés et perdent l'é-
preuve.

115. — Il faut une juste mesure, et il est préférable d'employer un peu plus de temps au renforcement et moins d'argent à la fois, en restant
mieux maître d'arrêter, de modifier le travail selon
le besoin.

Sous l'action de cet agent, les noirs de l'image
augmentent ainsi que les demi-teintes, les clairs de-
meurent parfaitement limpides; de sorte, qu'avec un
peu d'habitude, on reste libre d'obtenir l'effet que
l'on désire.

116. — Hélas, mon cher élève, je ne puis vous
appliquer ces dernières paroles; vous avez beau
faire, ajouter de l'argent à votre acide pyrogallique,
votre épreuve ne marche pas. Voyons, lavez-la, reversez de la solution d'acide pyrogallique seule, puis
additionnez d'argent et continuez; les noirs montent
un peu, mais bien faiblement et gardent une teinte
rousse de mauvais augure. Votre épreuve est *solarisée*,

elle a reçu une trop longue impression lumineuse; continuez : l'intensité n'augmente pas, il faut aux grands maux les grands remèdes.

117. — Lavez et versez dans un verre une quantité suffisante du liquide que contient ce flacon que je viens de préparer. Ah ! voilà le noir absolu qui envahit brusquement votre image. Bravo, promenez bien également le liquide; vous êtes sauvé, mais votre épreuve pouvait être perdue.

Maintenant, cher élève, vous allez me demander mon secret; hélas, c'est celui de Polichinelle! seulement c'est l'emploi d'un corps dangereux que je vais ajouter à d'autres : enfin, il le faut. Vous garderez ce flacon étiqueté en lieu sûr, et vous vous souviendrez que le nom *antique* de ce corps était d'une effrayante sincérité. C'était le *sublimé corrosif*, maintenant c'est le bichlorure de mercure, toujours un des toxiques les plus puissants que l'on connût dans l'ancienne médecine. Maintenant, nous avons progressé et nous avons un arsenal complet de ces corps, ornés de noms beaucoup plus pittoresques, mais moins clairs.

118. — Cette solution de bichlorure de mercure se fait en mettant à fondre 1 gramme de ce sel dans 100 grammes d'eau distillée. On remue de temps en temps pour activer la dissolution qui est assez lente.

Il ne nous reste plus qu'à bien laver et à gommer la surface de votre image.

119. — J'avais oublié de vous faire préparer, il y

a trois jours, une solution de gomme arabique : vous mettez à tremper 10 grammes de gomme dans 100 grammes d'eau distillée, et vous laissez dissoudre; vous pouvez activer la dissolution au moyen de la chaleur. Dans ce cas, il faut faire bouillir l'eau, remplacer celle qui s'évapore en fumée, et garder pour 100 grammes de gomme fondue un litre de dissolution. On filtre, dans un filtre mouillé (fig. 17); l'opération est un peu longue : mais une fois commencée, elle marche toute seule.

120. — Alors que la couche est un peu égouttée, mais encore bien mouillée d'eau, versez une partie de cette solution gommée, promenez-la sur toutes les parties, vous enlèverez l'eau ; faites écouler par un angle et mettez la glace sur du buvard, debout, à sécher contre le mur; le collodion sera tourné en dessous afin que les poussières ne s'y attachent pas.

121. — VIII. Dans une heure ou deux, vous trouverez votre couche sèche. Il faudra mettre alors quelques charbons dans un réchaud et chauffer doucement la glace pour la sécher à fond d'abord, et ensuite de façon que la température ne dépasse pas celle que la main peut supporter sans douleur (environ $+ 40°$); versez alors, comme le collodion, une couche de *vernis négatif* que vous avez acheté en même temps que vos produits chimiques. Égouttez bien, et faites sécher encore ce vernis au feu sans augmenter la chaleur de la glace.

122. — La trop grande chaleur fait prendre le

vernis en rides qui se ramollissent au soleil, collent au papier positif, et perdent le négatif et le positif.

Laissez refroidir votre glace, et préparez-vous, cher élève, à jouir du fruit de votre peine, en prépa·rant le papier positif qui doit porter la réalisation de votre dessin lumineux.

ACCIDENTS.

125. — Les accidents sont nombreux et vous ne réussirez pas toujours comme cette fois-ci, à coup sûr : et cependant, je me demande si c'est bien dans un livre élémentaire qu'il faut entrer dans tous ces détails. Je préfère donc vous renvoyer, cher élève, à l'*Art du photographe*, et ensuite au *Répertoire encyclopédique de photographie* où vous trouverez tout ce qu'il faut savoir sur cette matière encore obscure en beaucoup de points, et que votre guide et votre compagnon d'étude a cherché à rendre la plus claire possible dans ces deux ouvrages.

DE L'ÉPREUVE POSITIVE.

124. — Jusqu'ici, ami lecteur, vous m'avez suivi de confiance, et vous n'avez encore travaillé que pour vous : toutes les opérations que nous venons de faire ensemble sont préliminaires et ne doivent pas franchir les limites de l'atelier. Il est temps de travailler *pour le public*, et de recueillir un fruit de vos travaux. Nous aborderons donc l'épreuve positive en vue de laquelle nous travaillons depuis si longtemps, et nous commencerons son étude par quelques considérations générales.

125. — L'épreuve positive sur papier est, comme je le disais tout à l'heure, la manifestation publique et marchande des efforts photographiques, il importe donc qu'elle réunisse plusieurs qualités au plus haut degré possible. Elle doit être *fine* de détails, sans sécheresse ni dureté, d'un *ton agréable*, violacée sans être noire, *harmonieuse* dans son ensemble et *solide* comme durée.

126. — Cette dernière qualité nous amène à dire un mot de la durée des photographies; on a beaucoup

fait de bruit de ce que quelques-unes avaient disparu
d'elles-mêmes, et on a eu raison ; cette clameur a
donné l'éveil aux opérateurs consciencieux qui ont
redoublé d'efforts pour prévenir ces accidents. Mais
a-t-on bien réfléchi que toute œuvre humaine est pé-
rissable, et n'aurait-on pas dû également faire le
procès des tableaux à l'huile eux-même qui, au bout de
peu d'années, se détruisent par écailles ou s'assom-
brissent tellement qu'on n'y distingue plus rien ; et ce ·
pendant, personne ne s'avise de dire que la peinture
à l'huile n'est pas solide, parce que tout le monde sait
qu'en pratiquant certaines précautions on peut assurer à un tableau soigneusement peint une durée
énorme.

127. — Si je voulais citer encore le pastel et
l'aquarelle, combien trouverais-je d'exemples de dessins disparus, soit par la mauvaise qualité des cou-·
leurs ou du papier, soit par la place impropre qu'on
a fait occuper à ces tableaux au soleil ou à l'humidité ?

128. — La photographie ne résiste pas plus que
ces autres représentations humaines : mais, quand elle
est faite avec soin et bien traitée (comme nous allons ·
vous mettre à même de le faire), elle résiste autant.
Certes, elle ne durera pas ce que peuvent durer les
gravures en taille-douce qui sont imprimées avec une
encre grasse indélébile ; aussi puis-je vous dire, cher
lecteur, que je suis convaincu qu'avec le concours de
mon collaborateur, nous avons fait faire un immense
pas à la science photographique en réalisant la conquête
du portrait héliographique gravé par la lumière sur

l'acier. C'est maintenant seulement que l'on doit dire : les épreuves photographiques sont inaltérables, puisque celles de MM. Baudran et de la Blanchère sont formées par l'encre d'imprimerie et produites chez le premier imprimeur venu.

Plus tard, nous vous mettrons à même d'exécuter aussi ces merveilleuses images, mais il faut commencer par le commencement, et beaucoup de manipulations devront vous être familières avant d'arriver à traiter les planches d'acier.

129. — On a cherché à remplacer le papier sur lequel il est si simple de produire les épreuves positives, par beaucoup de substances : le talc, les tissus, l'ivoire vrai ou factice, le biscuit de porcelaine, etc. Nous n'entrerons pas dans tous ces détails. Lorsque vous posséderez bien le procédé simple, vous irez chercher les procédés compliqués dans notre *Répertoire encyclopédique*, tant pour votre instruction que pour votre amusement.

130. — Quand vous aurez fait du *métier*, et il faut commencer par là pour être habile, alors vous irez demander l'*art* dans les traités qui vous en livreront les détails. Nous avons fait, dans ce but, l'*Art du photographe* qui est à sa 2ᵉ édition, et la *Monographie du stéréoscope*.

131. — On a longtemps obtenu des épreuves positives sur le papier ordinaire, mais on s'est aperçu qu'il contenait beaucoup d'impuretés qui paraissaient lors des réactions chimiques. On a dû faire, par conséquent, des papiers *spéciaux*, dont la pâte, affinée avec grand soin, offrît toute l'homogénéité et la pureté désirables. On n'est pas encore parvenu à la perfection, beaucoup s'en faut, mais enfin, avec du discernement, on arrive à choisir du papier suffisant aux besoins photographiques.

132. — On est devenu d'ailleurs d'autant moins difficile que certains procédés ont prévalu (et c'est une des causes de cette préférence), dans lesquels la substance qui forme l'image est isolée du papier par une couche de matière particulière. Ainsi protégée, la surface du papier n'a pas autant besoin d'être homogène et unie, qualités faciles à obtenir; devenu support à peu près inerte, on ne se préoccupe pas autant des parties métalliques que sa pâte peut contenir. Elles ne sont jamais avantageuses, mais moins nuisibles; c'est un grand point gagné.

153. — Vous souvient-il, cher élève, du chlore et de l'argent dont je vous avais parlé comme exemple (§ 11) à propos de la formation de l'image négative ? Vous vous rappelez que nous avons cherché à faire un papier qui produisît une image sous notre *rayon de soleil ;* eh bien, cette substance produite par la combinaison du chlore et de l'argent, substance blanche, floconneuse et légère, que l'on nomme *chlorure d'argent,* c'est précisément celle dont nous allons enduire nos feuilles de papier !

154. — Le chlorure d'argent possède une qualité nécessaire, qualité qu'il partage avec deux autres corps analogues, l'iodure et le brômure d'argent que nous avons employés dans notre collodion, c'est de ne pas se dissoudre dans l'eau. C'est grâce à cette propriété qu'il reste dans la pâte ou à la surface du papier et que les lavages nécessaires ne l'enlèvent point.

155. — C'est ici le lieu de vous expliquer sommairement, cher élève, que la chimie a reconnu pour chaque corps une affinité, une propension particulière qui le fait s'unir de préférence avec un autre corps. Par exemple : l'argent a une affinité tellement forte pour le chlore, que, même uni à un autre corps, il abandonne celui-ci pour aller s'unir à celui-là. Il était donc tout naturel que le chlorure d'argent fût connu des alchimistes du moyen âge, qui le nommaient *Lune cornée*. Ils avaient très-bien reconnu sa propriété de noircir sous un rayon de soleil.

156. — Tous ou presque tous les corps qui contiennent du chlore sont donc disposés, si on les met en présence d'un composé d'argent, à en former un troisième qui sera le *chlorure d'argent*. Voici, d'après cela, ce que nous allons faire : pour enduire de chlorure sensible notre feuille de papier positif, nous allons commencer par l'imbiber d'un liquide qui contienne du chlore, puis, si nous la mettons en contact avec un autre liquide contenant de l'argent, il se formera dans le papier le chlorure d'argent dont nous avons besoin et qui, grâce à son insolubilité dans l'eau, restera où il est utile, au lieu de s'en aller dans le bain.

157. — Cherchons ensemble un sel qui fonde dans l'eau et qui contienne du chlore : la nature nous l'a mis sous la main et en a fait un de nos condiments indispensables. Le *sel de cuisine* (chlorure de sodium), quoiqu'impur au point de vue de la chimie, est très-suffisant pour nos usages photographiques. Comme ce corps porte dans le monde le nom typique de *sel*, la première opération à laquelle nous soumettons notre papier va se nommer le *salage*.

158. — Nous allons prendre cette grande cuvette verre et bois D E fig. 26, dont les dimensions vous effrayent parce qu'elles permettent d'y placer une

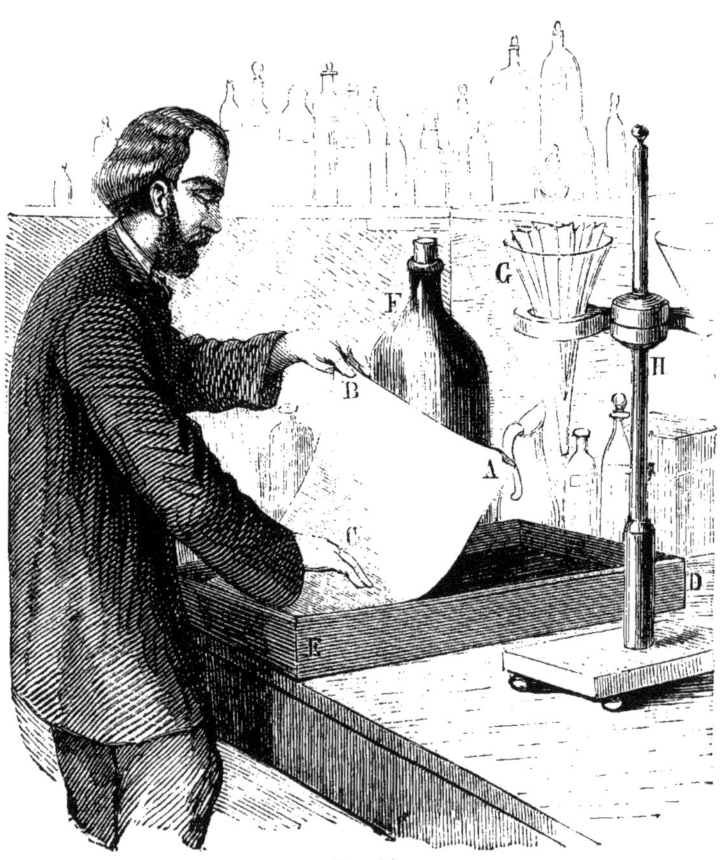

Fig. 26.

feuille de papier A B entière, et tout à l'heure vous allez vous apercevoir que l'opération du salage est si facile qu'il vaut mieux l'exécuter d'un seul coup pour les feuilles de papier que par parties. Nous gagnerons à cela beaucoup de temps, et le papier salé sera placé, pour le conserver, dans les portefeuilles en carton où le marchand vous l'aura livré, et s'y conservera propre et prêt à être débité aux dimensions qui peuvent vous être utiles, et cela sans déchet.

139. — Préparez dans une, F, ou plusieurs bouteilles, assez du bain suivant pour en avoir deux centimètres de haut dans votre cuvette. Le bain se fait dans la proportion de :

Eau distillée......................	1 litre.
Chlorure de sodium................	35 gr.

Comme je vous ait fait remarquer que le sel de cuisine n'est pas toujours très-pur, il est bon de filtrer au papier G, cette solution, en la mettant dans la cuvette, qui elle-même a été lavée d'avance avec beaucoup de soin.

140. — Pendant que filtre notre bain, il faut, mon cher élève, que je vous apprenne à distinguer sur une feuille de papier l'*endroit* de l'*envers*, parce que vous allez tout à l'heure avoir besoin de savoir faire cette distinction. Mais pour vous montrer cela, il faut que je remonte un peu plus haut, car tout s'enchaîne dans les connaissances qui nous sont indispensables : j'ai plus de peine à ne pas vous dire ce qu'il faudrait savoir, qu'à vous expliquer ce qui est strictement nécessaire.

141. — Le papier est fait sur une toile sans fin qui le soutient alors que la pâte encore molle n'a pas de consistance, il est donc naturel de penser que l'empreinte de cette toile métallique doit demeurer sur le côté mou de la feuille qui se forme; c'est ce qui arrive. On appelle *envers* de la feuille de papier, le côté qui porte la trace de cette trame. Voyez, nous allons nous approcher de la fenêtre, et, en supportant de la main gauche étendue cette feuille de notre papier à la hauteur de votre œil, vous allez voir, au jour frisant, le pointillé régulier qu'a produit la toile métallique. L'autre côté, l'*endroit*, regardé de la même manière, présente une surface plus ou moins rugueuse, mais qui ne l'est pas également et régulièrement.

Si votre feuille de papier porte un filigrane présentant des lettres, c'est que vous avez du papier fait à la main, alors la position des mots marqués pour les lire vous indique l'*endroit* du papier qui, dans ce cas, est tourné vers vous quand vous lisez les mots en transparence.

142. — Vous avez marqué d'une croix au crayon l'envers de la feuille à ses quatre coins A, B, fig. 26; vous en repliez un en dessus A, et il est bon de vous habituer à toujours replier le même, par exemple le coin de droite en haut A, quand la feuille est étendue en long devant vous. De cette façon, oublieriez-vous de marquer vos feuilles, la position de la corne pliée et le côté où elle a été placée vous indiqueront toujours à coup sûr quel côté a été salé.

143. — Vous étendez doucement votre feuille sur le bain, en vous guidant sur la figure (26) : vous avez vu que, soutenant la feuille en l'air de la main gauche

par le coin B, de suite j'ai posé doucement sur la surface du bain le coin inférieur de droite, puis j'ai
fait porter diagonalement la feuille peu à peu, en
appuyant légèrement vers l'endroit mouillé, avec le
doigt étendu de la main droite C. La feuille est venue
ainsi s'appliquer sur le bain où je l'ai abandonnée en
lâchant l'angle gauche supérieur au moment où il était
tout près du liquide.

144. — J'insiste beaucoup sur cette manière très-
simple de *placer* la feuille de papier *en contact avec un
bain*, parce qu'elle est *la même* pour tous les bains
photographiques, qu'elle paraît et est, en effet, très-
simple, mais demande cependant de l'habitude et des
précautions particulières.

145. — Dans toute application d'une feuille sur
un bain, il faut éviter avec grand soin l'emprisonne-
ment des *bulles d'air* : sur le bain salé ces bulles ont
beaucoup moins d'importance que sur les autres
bains, et d'ailleurs leur présence se décèle vite; le
papier, partout où il est mouillé, s'étend ; dans l'endroit de la bulle il reste sec, par conséquent les parties distendues par l'humidité font des plis en rayon
qui se voient à l'envers de la feuille et indiquent
qu'une bulle est là.

146. — Vous voyez, le remède est simple. On soulève doucement la feuille par l'angle ployé qui reste
non mouillé, et on donne à la bulle d'air la faculté de
s'échapper; en reposant la feuille avec précaution
sur le bain, la partie sèche est mouillée et la feuille
s'étend unie et sans plis.

147. — Vous laissez 3 minutes la feuille de papier flotter ainsi.

Vous me demandiez l'utilité de cette corne faite au coin de la feuille, nous voici arrivés au moment où vous allez sentir combien elle est nécessaire, et de plus vous allez apprendre àquoi servent les cordes en fil de fouet que j'ai tendues hier soir en réseau dans votre laboratoire, à 30 cent. au-dessus de votre tête.

148. — Prenez, dans ce tiroir, une boîte qui contient des épingles (fig. 27), et apportez-moi une pince plate (fig. 28) dont les becs soient un peu moins larges que le tiers de la longueur de vos épingles. Très-bien; nous allons fabriquer des crochets pour suspendre notre papier (fig. 31) et le laisser sécher. Vous saisissez l'épingle de la main gauche, la pointe entre le pouce et l'index (fig. 29), vous courbez de gauche à droite, avec la pince, la partie de la tête comme la figure le montre. Ce qui produit l'effet indiqué au-dessous. Vous retournez l'épingle, de façon à la saisir par la tête recourbée (fig. 30), et vous faites la même opération du même côté, ce qui, comme elle a été retournée, produit le double crochet figuré au bas et que l'on appelle, à juste raison, épingle en **S**. Il faut faire une provision de ces petits instruments et en avoir pour chaque opération particulière. Aujourd'hui qu'on se procure facilement des épingles de différentes couleur, vous ferez bien d'en avoir de trois couleurs distinctes : *noires* pour le bain de sel, *dorées* pour le bain d'argent, et ordinaires *étamées* pour le séchage après fixage et lavage.

149. —Saisissez de la main gauche par l'angle sec
la feuille étendue sur le bain, soulevez-la d'un mouvement lent et égal ; elle tendra à se rouler sur elle-
même ; au lieu de laisser ce mouvement s'accomplir,

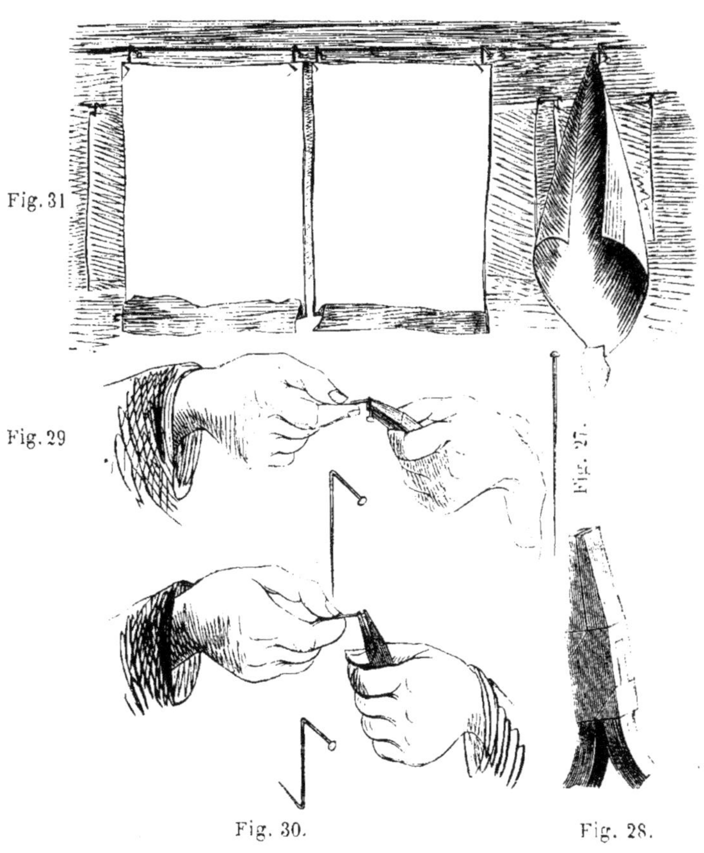

la surface mouillée en dedans, repoussez doucement
avec la main droite le milieu de la feuille dont le côté
sec est devant vous, le côté mouillé formera le dessus,
enveloppant l'autre. En saisissant la corne sèche de

la feuille, vous y avez passé le crochet pointu de l'é-
pingle en S, et pendant que la feuille a quitté le bain
et que vous la soutenez en l'air, laissez-la un instant
égoutter et suspendez-la par l'autre crochet de l'épingle, celui de la tête, à une des ficelles qui sont au-
dessus de votre tête (fig. 31).

150. — Bien, le liquide se ramasse au bas de la
feuille et tombe en gouttes de moins en moins pres-
sées, pour éviter qu'il ne se concentre à l'angle inférieur; profitez de la singulière *succion* qu'opère la
capillarité, prenez un fragment de papier buvard,
approchez-le de l'angle mouillé, il *adhérera* à la feuille
mouillée, s'imbibera du liquide et tiendra collé ainsi,
absorbant l'humidité qui descend : quand il sera lui-
même sec, il se détachera, laissant la feuille très-
également imbibée.

151. — Alors que le papier salé sera sec, ce qui
exige une heure environ, nous le serrerons dans son
carton à l'abri de la poussière et du contact des doigts
gras et suants.

USAGE DU PAPIER SALÉ.

152. — Le papier ainsi préparé offre des avantages et des inconvénients : les avantages sont moins nombreux que les inconvénients. Le plus certain des premiers est de permettre le coloriage et une retouche facile au pinceau. Cette possibilité, intéressante pour les artistes, est moins nécessaire aux amateurs, qui, eux, veulent des épreuves photographiques complètes ; aussi presque tous ont abandonné l'usage de ce papier pour celui du papier albuminé dont nous allons nous occuper.

153. — Les inconvénients du papier salé sont nombreux. L'image formée dans la pâte même du papier est souvent *veule* et *grise ;* la couleur dépend éminemment de la qualité et de la quantité de l'encollage que contient le papier. Or, ces choses sont malheureusement en dehors du pouvoir du photographe qui est obligé d'en subir les conséquences souvent désastreuses, sans pouvoir y remédier entièrement.

154. — Les taches métalliques et autres apparais-

sent immédiatement sur les images et les rendent souvent impropres au service.

Les bains colorants et vireurs (vous saurez ce que c'est tout à l'heure) composés des substances les plus chères, doivent être beaucoup plus chargés pour opérer sur une image comprise dans la texture même du papier, que si elle était seulement à la surface.

155. — Il résulte de cet inconvénient même une qualité pour les épreuves sur papier salé, c'est que, bien traitées, elles sont *plus solides* que les autres, précisément par suite de leur grande profondeur et de la grande quantité de matière qui les forme.

On a dû chercher à parer à ces inconvénients graves, et à condenser, si je puis parler ainsi, l'image photographique à la surface du papier : on y est parvenu en la formant dans un enduit inerte approprié; les corps qu'on a choisis, tout le monde les connaît, l'un est l'*albumine* ou blanc d'œuf, l'autre la *gélatine* ou colle forte, ou colle de poisson quand elle est pure.

156.—Nous nous occuperons exclusivement, mon cher élève, des épreuves sur papier albuminé ; si vous avez besoin par hasard du papier salé, vous vous reporterez aux ouvrages spéciaux, mais il faut simplifier notre marche, et je ne vous ai fait faire la première opération du salage que parce qu'elle est facile et *typique* de l'application de la feuille de papier photographique sur tous les bains quels qu'ils soient, et que cette application sur les bains est une opération qu'il *faut savoir* bien faire, parce qu'elle revient tous les jours.

En traitant d'ailleurs le papier salé absolument comme le papier albuminé, vous réussirez parfaitement avec des tons un peu pâles, un peu bleus peut-être, mais sans plus de difficulté.

157.—L'albuminage du papier positif est une opération difficile, que les opérateurs évitent le plus possible et qu'ils laissent exécuter par des fabricants spéciaux qui, ne faisant que cette opération, sont installés pour la faire vite et bien. Quoi qu'il en soit, il faut que vous sachiez au besoin préparer votre papier ; vous pouvez en manquer dans un endroit éloigné, il faut que vous soyez assuré de ne pas être arrêté dans vos travaux.

158. — L'*albumine* ou *blanc d'œuf* se trouve partout et n'est nulle part d'un prix élevé ; nous allons donc en recueillir en cassant des œufs *frais*, mettant soigneusement à part le jaune et les germes. En choisissant de beaux œufs, nous pourrons compter que trois nous donneront en moyenne 100 grammes d'albumine, ce qui fait 30 à 35 grammes par blanc d'œuf. Mélangez dans un grand saladier :

Blanc d'œuf ou albumine............ 100 grammes.
Chlorure de sodium ou sel de cuisine. .   3   —

puis, au moyen d'un petit balai de brins de bouleaux dépouillés de leur écorce, ou de fils de laiton étamé (fig. 32), à droite, battons longuement notre blanc d'œuf jusqu'à ce qu'il soit devenu une mousse épaisse et *consistante* (fig. 32). En cet état, il est préparé, nous allons porter le saladier au frais, et au bout de douze heures nous reviendrons le visiter.

159. — A ce moment nous trouverons la mousse affaissée, et, dessous, un liquide jaunâtre, limpide, que nous verserons bien doucement dans un col, en évitant de faire des bulles d'air sur l'albumine et de laisser passer des portions de mousse sèche.

160. — Cette albumine se conserve, en été, au plus deux jours, et en hiver plus d'une semaine sans altération ; aussi, n'en prépare-t-on qu'au fur et à mesure de ses besoins, de façon à épuiser à chaque fois, le plus vite possible, la quantité préparée.

Nous allons choisir un pinceau plat en martre (fig. 32) : on l'a mis à côté du petit balai ; nous le tiendrons parfaitement propre, et quand il aura servi, nous nous souviendrons qu'il faudra le laver avec beaucoup de soin dans plusieurs eaux, de façon à en expulser toute l'albumine qui, sans cela, s'y dessécherait, collerait les poils et mettrait promptement le

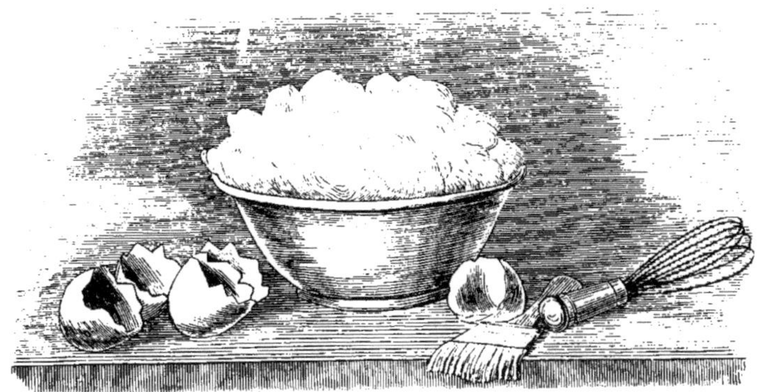

Fig. 32.

pinceau hors de service. Or, un bon pinceau qui ne *se sépare pas* en travaillant, et garde une surface unie et douce, est un bon instrument, qu'on ne rencontre pas tous les jours et qui mérite qu'on le ménage.

161. — Vous voyez, mon cher élève, que j'ai préparé sur cette table un coussin de huit à dix feuilles de beau papier buvard *non ployé au milieu* (fig. 33). Sur ce matelas je place, le grand côté vers moi, une feuille de papier positif AB, *l'endroit en dessus*. Je fixe par quatre punaises chacun de ses coins, et j'ai fixé de même à la table les coins de mon coussin de buvard. Commençons ; j'ai à ma droite, au devant de moi, un vase E contenant assez d'albumine pour y tremper et imbiber d'un seul coup les soies entières du pinceau D.

162. — Je couvre donc, le plus vite possible, ma feuille d'une couche d'albumine égale à peu près, mais ni trop ni pas assez épaisse. Pour cela mon pinceau D marche de gauche à droite et *en long ;* cette couche étendue, sans reprendre d'albumine, mais avec mon pinceau encore humide, j'égalise la couche, cette fois en dirigeant les coups de pinceau *vers moi,* ce qui les forme *à angle droit avec les premiers.*

163. — De cette manière, l'albumine est uniformément répartie sur la surface du papier. Alors, toujours au moyen du pinceau de plus en plus sec, et cette fois promené dans tous les sens, et *légèrement,* j'unis partout les traces et petites bulles qui peuvent exister.

164. — Pour faire ces opérations, beaucoup plus faciles et moins longues à exécuter qu'à expliquer, il faut placer sa table en face d'une fenêtre, parce que le brillant du jour sur l'albumine vous guide dans ce travail.

165. — Otez les punaises, passez une épingle en S dans un des trous que leur tige a faits et suspendez la feuille G, F, à sécher sur le cordon H (fig. 33). Elle

se roulera, G, par la dessiccation sur le côté albuminé, mais vous la mettrez plus tard en presse et
elle reviendra plane.

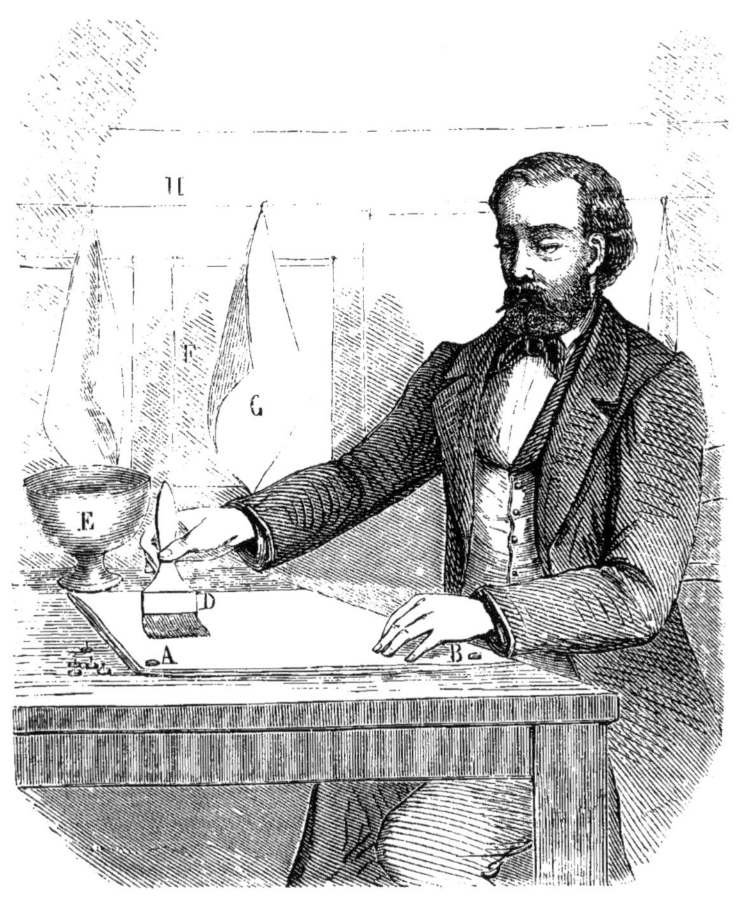

Fig. 33.

Toutefois, mis en presse ou en carton (fig. 36), il
faut conserver ce papier albuminé au sec.

166. — Que vous vous serviez de papier simplement salé, ou de papier albuminé, le bain d'argent est le même ; seulement ne vous servez pas pour sensibiliser le papier *simplement salé* du bain qui a servi à sensibiliser le papier *albuminé*, quelquefois cela n'a aucun inconvénient, mais d'autres fois votre papier devient mauvais, jaune, et donne d'affreuses épreuves ; il vaut mieux faire deux bains et ne pas mettre d'alcool dans celui pour papier salé.

Mesurez à l'éprouvette graduée :

    Eau distillée........................ 80 cc.
    Alcool ou esprit-de-vin à 36°.......... 20

et faites-y fondre :

    Nitrate d'argent cristallisé........ 20 grammes.

Cette solution étant faite, sera conservée dans un flacon bien bouché à l'émeri, et comme l'alcool est volatil, on tiendra le bain le moins longtemps possible versé dans la cuvette.

167. — Cette cuvette va être choisie par nous en

porcelaine, si nous ne faisons pas de grandes épreuves, ou en bois et glace si nous devons préparer beaucoup de papier à la fois par grandes feuilles.

Il est *extrêmement important* de nettoyer, avec le plus grand soin, le fond, les côtés et les coins de cette cuvette; sans cela, il se détacherait des matières métalliques (argent réduit) qui flotteraient à la surface du liquide, et *tacheraient infailliblement* les feuilles de papier.

168. — Il faut prendre les mêmes précautions pour l'entonnoir qui contient un filtre qu'on ne renouvelle que le moins souvent possible, parce qu'il exige l'absorption, pour mouiller ses fibres, d'une assez grande quantité du bain et par conséquent de nitrate d'argent qui passe aux résidus. Un filtre bien fait et enfoncé soigneusement dans l'entonnoir, peut durer un mois et plus; il va sans dire que filtre et entonnoir ne servent qu'*au même bain* d'argent.

Il reste toujours une goutte de liquide argentifère au bout de l'entonnoir; cette portion de liquide laisse l'argent se réduire à l'état métallique, et si elle tombe dans le bain, elle forme une *nappe noire qui adhère* à la feuille et la rend impropre au service. Il faut recevoir dans la bouteille les premières parties du bain versé dans l'entonnoir; le liquide entraîne la partie réduite dans le flacon d'où elle est reversée dans le filtre sur lequel reste l'argent réduit.

169. — Ce fait est un exemple frappant, cher élève, des *précautions* souvent *minutieuses* que doit prendre le photographe pour éviter des pertes et des accidents continuels. C'est de là qu'on peut dire qu'il ne doit pas voir de petites précautions, elles ont toutes leur importance.

170. — Lorsque la surface du bain sera bien propre et bien pure, vous y placerez le côté albuminé ou salé d'une feuille de papier que vous avez albuminé ou salé. Je n'ai rien de nouveau à vous montrer pour faire cette opération, nous avons appris cela au salage du papier (fig. 26), § 138. C'est absolument la même chose : vous allez éviter les bulles d'air prises sous la feuille, parce que là ou le liquide n'imbibera pas le papier, vous n'auriez pas de sensibilité et par suite une teinte blanche. Veillez-y. Vous laisserez le papier cinq minutes en contact avec le bain; pendant les premières minutes, l'humidité détendant le papier partout où elle le touche, il se forme, comme pour le papier salé, § 145, une crispation autour des bulles d'air où le papier reste sec, vous les apercevrez très-bien à l'envers par le plissement du papier. S'il en est ainsi, nous allons nous hâter de relever la feuille par l'angle ployé sec, et, arrivé à l'endroit où est la bulle d'air, nous rabaissons plusieurs fois la feuille, *sans lui faire quitter le bain par le surplus;* le plus souvent cette simple manœuvre suffit à chasser la bulle, quelquefois on est obligé de la toucher avec un petit *tortillon* de papier propre.

Sur le bain alcoolisé, les bulles sont moins fréquentes, parce que la pénétration du liquide est plus grande; cependant, quand le bain a longtemps servi avec le papier albuminé, il devient quelquefois un peu visqueux et produit des bulles beaucoup plus tenaces.

171. — Pour mesurer le temps d'imprégnation de vos feuilles, je ne vois rien de plus commode qu'un petit sablier.

Le temps écoulé, vous allez relever votre feuille doucement et d'un mouvement régulier pour ne pas faire passer du nitrate à l'envers, puis, piquer dans le coin sec une épingle en S *neuve* ou *ne servant qu'à cela,* et suspendre votre feuille *là* à cette ficelle tendue au-dessus de la table tout près de votre cuvette. Mettez au-dessous de l'angle inférieur de la feuille un vase qui reçoive les premières gouttes de liquide, les plus nombreuses, vous les joindrez au bain demain. Quand vous verrez tout à l'heure que le temps de sensibilisation de la feuille qui est au bain est presque écoulé, vous porterez celle-ci aux cordes qui sont là en l'air pour faire place à celle-là et ainsi de suite.

172. — Le papier sensibilisé ainsi demeure blanc en hiver deux jours, en été, à peine la journée. Malgré que le bain vireur que nous allons faire tout à l'heure ramène au blanc les feuilles un peu jaunies, il vaut toujours mieux employer le papier positif dans sa fraîcheur.

173. — La perte résultant du papier non employé pour une cause ou pour une autre, a fait chercher des moyens de le conserver plus longtemps. On a remarqué qu'en le soustrayant à l'impression de l'humidité, on parvenait à lui éviter la teinte rousse ou

jaune. Pour conserver votre papier, il faut vous procurer une boîte C D E F G (fig. 34) en fer-blanc ou étain
fermant très-*hermétiquement* en A B H X. Vous mettez
sur quatre pieds ou petits tasseaux L M I K deux doubles fonds en canevas tendu Q sur un petit cadre de
bois. Sous ce double fond vous placez dans une as-

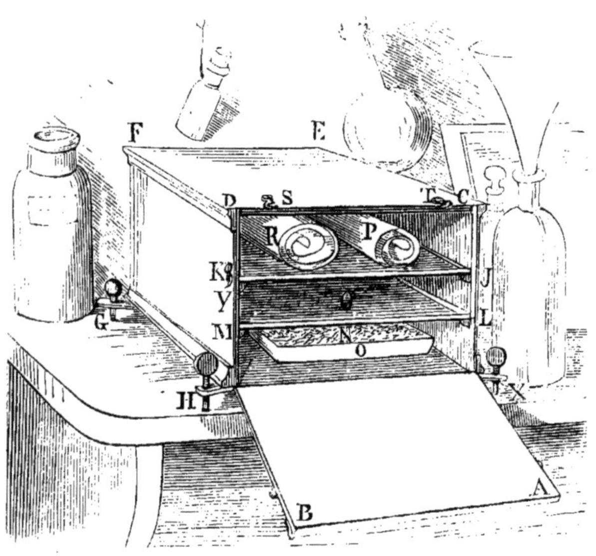

Fig. 34.

siette O une substance très-avide d'eau comme l'acide
sulfurique anhydre (mais il est dangereux parce qu'il
brûle si on le répand), je préfère vous indiquer le
chlorure de calcium N qui est un sel non dangereux.
Vous vous en procurerez de calciné bien sec; quand
il aura absorbé de l'humidité en quantité suffisante,
il se réduira en eau, vous le ferez bouillir dans l'assiette, et, quand ce sel sera revenu à lui et bien sec,

vous le remettrez dans votre boîte jusqu'à nouvelle opération. Le papier sensibilisé P R se place sur le canevas d'un des tiroirs et la boîte, C D X H est immédiatement fermée avec beaucoup de soins. Cette fermeture s'exécute au moyen d'une bordure en caoutchouc vulcanisé appliqué en C D X H dans une feuillure où elle est pressée par la porte A B X H. Cette porte, assez épaisse pour ne pas se gauchir, est retenue fermée par deux crochets S T au-dessus et un de chaque côté Y. J'ai figuré le papier roulé sur le canevas pour laisser voir celui-ci, mais il vaut mieux faire votre boîte plus grande que moins, de façon à laisser le papier sensibilisé dans sa grandeur sur les tiroirs. Il reste plus facile à poser au châssis positif.

174. — Vous pouvez partout vous faire construire par le premier menuisier ou ferblantier venu, une boîte semblable dont vous compléterez vousmême l'installation intérieure et la fermeture.

175. — Votre papier sensibilisé est sec, il faut procéder à l'impression de l'image; pour cela, vous posez

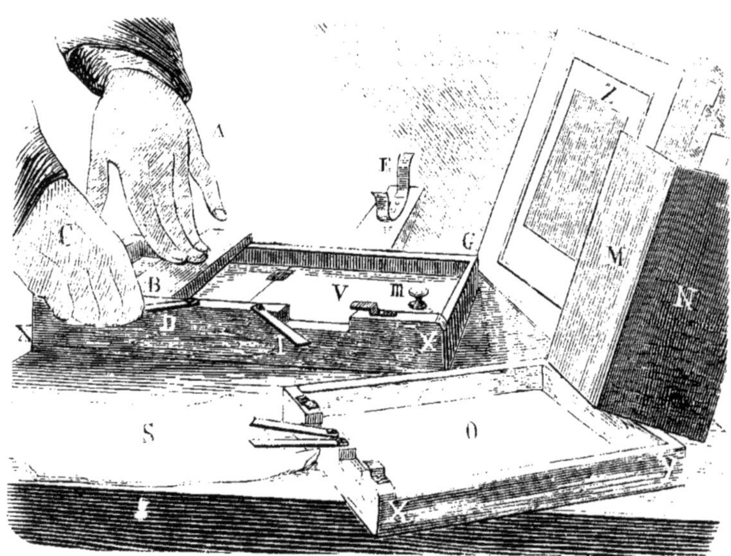

Fig. 35.

le châssis B V (fig. 35) sur une table, les barres E, B
en-dessus; vous appuyez de la main gauche A sur la
barre B pendant que de la droite C vous détournez le
verrou D qui retient l'extrémité de la barre que les res-

sorts F tendent à soulever par leur compression. Les deux barres relevées, nous allons saisir par les boutons *m*, le volet à charnières V qui occupe alors le fond du cadre X Y. Sous ce volet dont la face opposée aux boutons *m n*, est garnie de drap épais bien collé K, nous trouverons un matelas S de papier buvard ; puis, l'enlevant aussi, nous arriverons à une glace épaisse O qui repose sur les feuillures mêmes du châssis X Y.

176. — Sans enlever cette glace, nous nous contenterons de nettoyer sa surface intérieure avec un peu d'esprit-de-vin et un chiffon de coton. L'impression lumineuse ayant lieu à travers cette glace, il importe que sa surface soit pure et n'ajoute pas ses impuretés à celles que peut déjà contenir le négatif dont nous allons nous servir.

177. — Par la même raison qui nous fait nettoyer la glace épaisse, vous devrez également débarrasser l'envers du négatif des impuretés qui ont pu s'attacher à la glace : réduction d'argent, cristallisation d'hyposulfite, vernis épanché, etc.; au moyen d'un petit chiffon imbibé d'alcool, tout cela disparaît et la glace devient nette.

Vous voyez, cher élève, que je place cette face nettoyée *qui est l'envers du négatif* Z sur la glace épaisse du châssis positif, de façon que l'image sur collodion soit en dessus. Saisissant alors dans ma boîte conservatrice (fig. 34) ou dans mon portefeuille (fig. 36), une feuille sensibilisée tout à l'heure ; je la place, le côté nitraté en contact avec le collodion du négatif.

178. — Bien entendu, nous n'allons pas faire cet

arrangement en plein soleil ; il vaut toujours mieux pour charger et décharger les châssis positifs, se garder d'une lumière trop vive. Quoique le papier positif soit très-loin de la sensibilité du collodion et que vous puissiez le placer sans danger

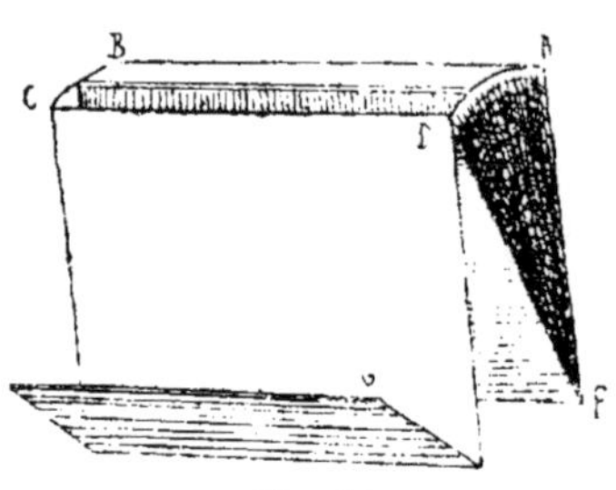

Fig. 36.

dans une pièce à la lumière diffuse, il vaut mieux, croyez-moi, prendre la peine d'aller changer votre châssis dans le cabinet obscur.

179. — Par-dessus cette feuille sensible nous replaçons le matelas de buvard S (fig. 35), puis le volet *m n*, nous rabattons les barres B, E, nous refermons les verrous D, I, et, sous l'action des ressorts E tendus par l'épaisseur plus grande de la glace négative interposée, nous sommes certains d'obtenir une pression égale et par conséquent un contact parfait de toutes les parties, entre la surface du collodion et celle du papier sensible.

180. — Ce point est important, parce que tout manque de contact se traduit par un endroit *flou* sur l'épreuve positive.

Il arrive quelquefois que dans un châssis dont les ressorts n'exercent pas une pression suffisante, par une grande chaleur, si l'on se sert de papier encore humide, la feuille se plisse, n'adhère pas au négatif, et l'épreuve marquée de zones parallèles *floues* est hors de service avant d'être terminée.

181. — Il y a déjà un certain temps que notre châssis est exposé à la lumière. Vous avez dû remarquer, cher élève, que j'avais placé sous le châssis un morceau de bois destiné à lui faire prendre une position oblique qui présentât la glace perpendiculairement aux rayons du soleil. Vous ferez bien, autant que possible, d'imiter cette précaution, elle peut éviter quelquefois des déformations d'images produites par les défauts cachés dans l'épaisseur des verres.

182. — Il ne m'est pas possible de vous dire *combien de temps* il faut laisser le châssis au soleil pour que l'épreuve soit à point, mais je me suis réservé un moyen de savoir toujours à quel point d'avancement elle est parvenue, *c'est celui d'y regarder*. Vous voyez, je replace le châssis X Y (fig. 35) sur la table comme pour le charger. J'ouvre doucement seulement un des verrous I en relevant la barre, je soulève avec le bouton *m* le côté du volet qui est devant moi, puis le matelas S, puis la feuille sensible, et je vois où en est le travail; en laissant retomber le tout doucement, rien n'a pu être dérangé. Je referme la barre E, le verrou I, je replace le châssis au soleil et j'attends encore pour de nouveau me rendre compte, de la même manière, du degré d'avancement de notre travail.

183. — Il faut avoir soin de placer le papier sensible sur le négatif, de manière qu'une petite bande de papier dépasse en un côté au moins. Cette portion, qui noircit de suite à la lumière, est facilement vue à travers la glace épaisse Z (fig. 35) du châssis et peut servir, quand on a une certaine habitude, à juger du degré d'avancement de l'épreuve.

134. — Certains papiers prennent sous l'action lumineuse une couleur rougeâtre qui est toujours de mauvais augure. Il faut, pour obtenir lors du fixage de beaux tons noirs-bleus, que cette couleur se fasse déjà deviner lors de l'impressionnement de la feuille. Le ton rougeâtre est propre à certains papiers albuminés : il tient à ce que le bain d'argent sensibilisateur était trop faible en argent pour la quantité d'albumine qui revêtait le papier, ou encore à ce que le bain était trop acide. Les deux remèdes s'indiquent d'eux-mêmes. Dans le premier cas, ajouter du nitrate d'argent au bain qui ne doit pas descendre au-dessous de 20 gr. pour 100 de liquide; dans le second, mêler au bain un peu de craie en poudre, agiter et filtrer.

135. — Lorsque l'épreuve est prête à retirer du châssis, elle doit présenter un ton beaucoup *plus intense* que celui qu'elle devra conserver lorsqu'elle sera terminée. Le temps d'arrêt est difficile à déterminer d'avance, car il dépend : 1° de la nature du négatif; 2° de la qualité de la lumière; et enfin 3° du mode de fixage adopté. Cependant je puis vous indiquer, cher travailleur, que lorsque vous voyez, comme ici, les grandes lumières d'un portrait sur les chairs revêtir une teinte franchement grise, il est temps d'arrêter l'action lumineuse.

136. — Je viens de vous dire que le mode d'impressionnement dépendait : 1° *De la nature du négatif :*

vous allez le comprendre en réfléchissant que j'ai supposé un négatif harmonisé dans toutes ses valeurs *comme intensité;* c'est-à-dire assez opaque dans les blancs pour donner aux noirs le temps de se remplir de détails, sans que le sel d'argent soit complétement métallisé, auquel cas il ne se colore plus convenablement dans les bains vireurs, ce que nous allons voir tout à l'heure. Si au contraire vous avez fait un *négatif gris,* c'est-à-dire dont les blancs soient transparents, les demi-teintes seront arrivées à leur point avant que les grands noirs soient assez vigoureux pour produire une opposition favorable. J'avais donc raison de vous dire que le temps et le mode d'impression dépendaient de la nature même du négatif. Je dois encore ajouter pour votre gouverne, que certains négatifs non transparents et que vous jugez fort opaques, ne le seront pas et réciproquement : ce fait tient presque toujours à la *couleur* du dépôt qui forme l'image négative; si le dépôt est bleuâtre, la lumière chimique (que vos yeux ne voient pas) passera trop; si le dépôt est rougeâtre, elle ne passera pas assez, et agira moins vite que vous ne l'avez jugé à la vue simple.

187. — 2° Je vous ai indiqué tout à l'heure la *qualité de la lumière* comme influant sur la teinte à laquelle vous deviez retirer du châssis votre épreuve positive. En effet, votre couche sensible a une certaine épaisseur, et l'action s'exerce du dehors au dedans. Si donc, nous exposons la couche à un soleil ardent, les rayons de la lumière modifieront non-seulement la surface d'abord, mais la profondeur de la couche, qui, sans le laisser voir au-dessus, sera vigoureusement modifiée. Si, au contraire, nous n'avons qu'un jour pâle et un ciel couvert pour tirer nos épreuves, la couche superficielle seule sera vivement impressionnée, mais à la longue, et formera un obstacle à la pénétration d'une lumière grise et inerte. Si maintenant nous réfléchissons que cette couche non décomposée sera soumise aux réactions chimiques du fixage, nous pouvons dès à présent présager qu'elle sera trop altérée et que nous aurons une image terne et sans vigueur.

188. — 3° Voyons ce que je puis vous dire du *mode de virage* et de son influence sur le tirage; pas grand chose pour le moment, nous réservant de compléter nos observations après le chapitre suivant.

189. — Tandis que nos épreuves se complètent au soleil, nous allons préparer de l'eau filtrée dans une grande cuvette qui n'ait pas servi à de l'hyposulfite, parce qu'il en resterait toujours un peu aux bords et aux angles. Lorsque notre tirage d'épreuves sera terminé, nous les plongerons les unes après les autres dans cette eau, mais nous ferons cette opération à la lumière jaune, parce que le grand jour a encore toute son action sur le papier non fixé, c'est-à-dire non rendu insensible à la lumière.

190. — Nous laisserons tremper nos épreuves dans cette eau dix minutes en les remuant et les changeant de places. Pendant ce temps, il y a dix à parier contre un que l'eau changera de couleur et deviendra laiteuse, comme celle que nous avons devant nous. Ce signe ne nuit pas, mais si elle devenait verdâtre ou noirâtre, il faudrait se hâter de la changer et de verser sur les épreuves de l'eau distillée. La nôtre ne contient que des sels de chaux qui ne sont pas nuisibles, elle est devenue blanche; nous allons la verser avec précaution dans cette cruche, ayant soin de laisser les épreuves au fond de la cuvette, puis nous allons remplir avec de nouvelle eau que nous laisserons également dix minutes en contact.

191.—Pendant ce temps nous jetterons une poignée de sel de cuisine dans la cruche où est l'eau blanchie, elle va devenir encore plus *blanche* et plus trouble; demain nous la trouverons claire, et une poudre blanche floconneuse se sera déposée au fond et sur les parois de la cruche. Nous verserons le liquide avec précaution, ce qu'on appelle *décanter*, et il nous restera cette poussière blanche qui est un sel d'argent que nous recueillerons en versant le liquide du fond sur un filtre ou en chauffant dans une capsule D (fig. 17) ou une simple assiette. L'eau s'évaporant, le chlorure d'argent restera, et nous le resserrerons pour en refaire du nitrate pour un bain nouveau.

192.—La seconde eau peut également être jointe à la première, elle contient encore de l'argent, et le traitement des deux lavages se fait en même temps.

VIRAGE.

193. — Si nous ne passions pas par l'opération du virage, mon cher préparateur, vous seriez peu flatté de la couleur que le fixage simple donnerait aux épreuves que nous faisons ensemble. Vous les verriez revêtir une couleur jaune-rouille qui n'a certes rien d'agréable ni d'attrayant. Il s'agit donc de les virer à un autre ton, de les colorer d'une nuance plus agréable, de les ramener, en un mot, à la gamme des tons violacés-bleus et noirs. C'est l'or qui va devenir notre matière *colorante*, de même que l'argent a été notre matière *imprimante*. Vous voyez que nous jouons de pair à compagnon avec les rois de nos métaux.

194. — Préparons donc, tandis que nos épreuves baignent dans l'eau qui leur enlève la couche de bain d'argent sensibilisateur (§ 166) laissé à leur surface, préparons, dis-je, trois flacons d'un litre, parfaitement propres, étiquetons-les *A*, *B*, *C*, *virage* (fig. 37), et remplissons-les d'eau distillée. Il est bon que l'une de ces bouteilles soit bouchée à l'émeri, ce sera celle étiquetée B.

195. — Dans la première nous mettrons :

A { Eau distillée.. . . . .   1 litre.
      Chlorure d'or. . . . .   2 grammes.

On voit (fig. 37) en Y les deux petits flacons qui contiennent chacun 1 gramme d'or, tel qu'on les vend dans le commerce, on choisira le chlorure d'or *jaune vif* et non *brun* ou *vert*.

196. — Dans le deuxième vase, bouché à l'émeri, nous allons mettre :

B { Eau distillée. . . . .   1 litre.
      Chlorure de chaux. . . . .   20 grammes.

Tout ce chlorure ne se dissoudra pas, mais le surplus descendra au fond du flacon et servira à ce que la dissolution soit parfaitement saturée, ce qui est important : le chlore gazeux qui fait l'utilité de ce liquide se dégageant continuellement, il ne faudra pas oublier de boucher le flacon ; la provision de ce sel est mise dans un col Z, étiqueté Ch. C.

197. — Enfin dans notre troisième bouteille nous allons mettre :

C { Eau distillée. . . . .   1 litre.
      Sel de cuisine. . . . .   5 grammes.

La saunière, connue de tout le monde, est apportée en X, et figure au milieu de nos accessoires avec ses enjolivements sculptés au couteau par les ouvriers de la forêt.

198. — Nous pouvons maintenant composer notre bain colorant au moyen des trois solutions faites tout à l'heure, mais il est bon d'attendre que le chlorure de chaux soit un peu déposé. On doit en filtrer une certaine partie dans un des verres gradués R que vous savez, et qui nous servent à chaque instant, comme je vous en avais prévenu, en vous les montrant au début de notre travail photographique (fig. 12).

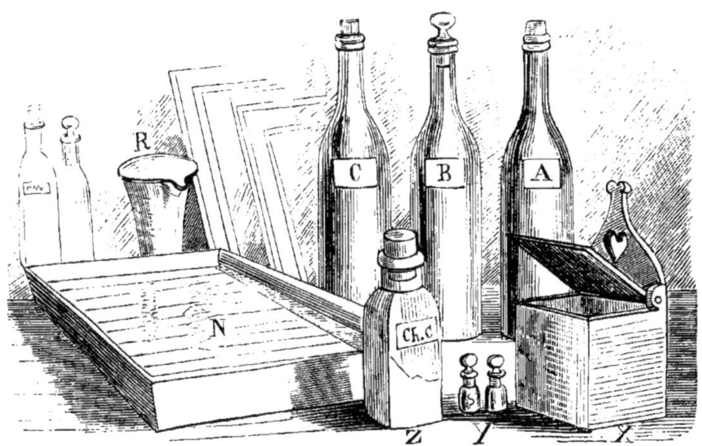

Fig. 37.

199. — Versons donc dans la cuvette de porcelaine N (fig. 37) :

Eau distillée	1 litre.
Liqueur A	60 cc.
Liqueur B	20
Liqueur C	15

Ce mélange doit rester parfaitement limpide et incolore ou être légèrement teinté de jaune.

Il doit servir au moment même où il est fait, et ne se conserve pas ; il n'en faut donc préparer que suivant ses besoins, c'est-à-dire en en proportionnant la quantité, au nombre d'épreuves que l'on a devant soi. Le litre de bain vireur que vous venez de préparer suffit pour colorer 8 épreuves de 1/4 de feuille, ou environ 70 cartes de visites. Basons-nous là-dessus pour calculer approximativement ce qu'il nous faut de liquide.

200. — Nous prenons, une à une, nos épreuves baignant dans l'eau, et nous les plaçons dans le bain vireur; il faut les y remuer, les sortir du bain, et les y remettre constamment. Nous voyons la couleur passer au bleu, puis au noir violacé. Cet effet demande en moyenne 15 à 20 minutes, suivant la température; moins de temps quand il fait chaud, plus quand il fait froid. Ce changement de couleur est très-remarquable, et il est en outre accompagné d'un blanchiment du papier fort important. En effet, mon cher élève et ami, vous vous apercevrez, lorsque le temps vous aura manqué, ou qu'on sera venu interrompre votre travail photographique, que vous trouverez, au retour, des épreuves dont le papier se sera coloré en jaune ou en brun. Eh bien! notre bain ramènera tout cela au blanc d'une façon merveilleuse.

201. — Le point précis où il faut retirer les épreuves ne peut guère s'indiquer que par expérience. En remarquant, dans votre premier virage, des épreuves un peu trop colorées en bleu et d'autres un peu rouges, vous verrez le point juste où vous devrez vous arrêter, pour avoir, en fin de compte, la couleur que vous désirez; car chacun a son goût; les uns

aiment les épreuves rougeâtre-violacé; d'autres bleu-
noir; d'autres enfin les préfèrent noir absolu, comme
les gravures. Vous avez devant vous la palette chimique qui produit tous ces tons, et avec un peu d'expérience et de réflexion vous allez apprendre à la
manier habilement.

FIXAGE.

202. — En même temps que vous avez préparé les solutions du virage, il eût été bon de composer le bain de fixage qui est la chose du monde la plus facile, mais qui contient un corps appelé hyposulfite de soude, que nous ne devons *mêler à rien*. S'il vous en reste aux doigts de légères parcelles quand vous toucherez le bain vireur, vous le décomposerez.

203. — Prenez donc garde. Une fois la main dans le bain d'hyposulfite, parfaitement innocent d'ailleurs, il ne faut plus la *mettre dans un autre bain* sans un lavage prolongé et réitéré; il ne faut pas non plus manier du papier positif sensibilisé ou non, tant que vous aurez des traces d'hyposulfite aux doigts, vous produiriez autant de taches indélébiles.

Dans :

 Eau ordinaire filtrée.............. 1 litre.

mettez à fondre :

 Hyposulfite de soude............ 200 grammes.

Si vous avez de l'eau de pluie, je vous la recommanderai. Plus tard, vous vous en précautionnerez au moyen d'un petit tonneau placé à propos, et cette eau remplacera, pour votre chimie photographique, l'eau distillée souvent difficile à se procurer pure en province. Évitez que dans votre tonneau séjournent des feuilles ou autres particules végétales. Couvrez-le non hermétiquement, pour que l'eau reste en contact avec l'air, mais ne s'imprègne pas de poussière, etc.

204. — Vous voyez que mon sel d'hyposulfite étant parfaitement fondu, je prends dans le bain vireur mes épreuves arrivées au point convenable et je les porte immédiatement dans le bain fixateur.

205. — Voici que, sous mes yeux, elles changent encore une fois de couleur. Elles se dépouillent davantage, descendent de ton et d'intensité en prenant une légère teinte jaunâtre. Ne vous en effrayez point et remarquez, pour l'avenir, que quand ces épreuves sécheront, elles reprendront de l'éclat, et remonteront de ton autant au moins qu'elles avaient descendu. Toutes ces observations doivent donc par vous être notées, afin qu'elles dirigent vos appréciations dans la marche du traitement. Vous devez remarquer, maintenant que vous êtes plus habile et que vous vous familiarisez avec les manipulations chimico-photographiques, que nous marchons, comme je vous l'avais dit, du simple au composé, mais que sans fatigue nous sommes prêts d'arriver au but.

206. — Remplissons d'eau ordinaire deux grandes cuvettes en gutta ou en bois tout simplement. A ce sujet, je vous apprendrai qu'une cuvette en peuplier épais de 20 à 25 millimètres, mais clouée de *longs clous* bien serrés, ladite cuvette imbibée d'huile chaude au pinceau, puis couverte d'une ou deux couches de peinture blanche ordinaire à l'huile, dure énormément longtemps, pourvu qu'elle contienne de l'eau sans cesse. Elle convient parfaitement et surtout très-économiquement aux lavages que nous devons faire.

207. — Si vous regardez, vis-à-vis le jour, *au travers* de la trame du papier une des épreuves que vous venez de plonger dans le bain d'hyposulfite depuis deux ou cinq minutes, vous allez apercevoir dans les endroits blancs une espèce de *grenu* formé par des parties opaques en points irrégulièrement répartis et portant le nom parfaitement significatif de *poivré*. Cet aspect indique que le sel d'argent opaque qui doit être dissous par le bain ne l'est encore que par place, aux endroits les premiers perméables du papier.

208. — Or, il faut, pour que le fixage soit complet, que, en transparence, le poivré ait disparu et que les blancs soient parfaitement purs : les blancs nous servent à juger des noirs, dont la couleur ne permet pas de voir le fixage par la disparition du poivré.

Ce point atteint, et vous voyez qu'il demande quinze minutes environ, nous portons chaque épreuve, *vérifiée une à une*, dans le premier bain d'eau placé ci-auprès.

209. — Le bain d'hyposulfite qui a servi est mis

aux résidus dans un grand tonneau, parce qu'il contient tout l'argent qui restait dans le papier et que plus tard il faut que nous puissions en retirer cet argent. Mais pour cette opération, il faut que nous soyons plus avancés dans la manipulation chimique ; nous trouverons cela tout au long dans le 2ᵉ vol. du *Répertoire encyclopédique de photographie*, aux nᵒˢ 1435, 1436, 1437. Nous y trouverons également bien d'autres choses utiles à notre avancement, et nous serons tenus au courant des découvertes et perfectionnements de chaque jour par le journal qui en forme la suite.

210. — Travaillons, pour devenir habiles. Toutes nos épreuves sont placées dans la première eau ; nous allons les y bien laver et retourner ; au bout de dix minutes nous les passerons dans une deuxième eau. Nous les y laverons encore, puis elles y resteront vingt minutes. Pendant ce temps, nous avons versé la première eau avec les résidus, nous avons lavé la cuvette avec soin et nous l'avons rempli d'une eau abondante dans laquelle nous replaçons les épreuves qui y séjournent trois ou quatre heures.

On les lave alors un instant dans une dernière et quatrième eau, puis au moyen d'une épingle en S (fig. 30), on suspend chaque épreuve à sécher.

211. — Courage, nous approchons du terme de nos études, nous allons jouir du fruit de nos travaux ; nous avons pris bien des soins, mais voici des épreuves qui sèchent, et tout à l'heure nous allons les monter en marges, parées, nettoyées, belles en un mot, et recevoir les félicitations que nous avons méritées.

212. — Or, ce montage, opération toute manuelle, demande cependant à être fait avec soin et suivant certaines règles. Nous allons nous procurer une pointe fine de cartonnier et nous ferons couper et tailler chez le marchand de glaces, un calibre de la grandeur des épreuves que nous voulons faire, et en même temps de la forme que nous voulons leur donner. Ovales, R (fig. 38), coins ronds ou rectangulaires D. En fait de rectangle, le plus gracieux, souvenez-vous en, c'est l'expérience qui l'a indiqué, est celui dont les côtés sont comme 4 est à 5.

213. — Vous voyez dans les figures 38 et 39 tous les instruments nécessaires. Voici en A un sous-main de papier bulle pas trop épais et bien égal. C, est une feuille de verre double ordinaire sur laquelle nous allons placer l'épreuve B la face en dessus. Vous voyez en D, le calibre superposé; il est en verre épais dépoli et permet de juger parfaitement de l'effet que sa place produit sur l'épreuve à découper. En E,

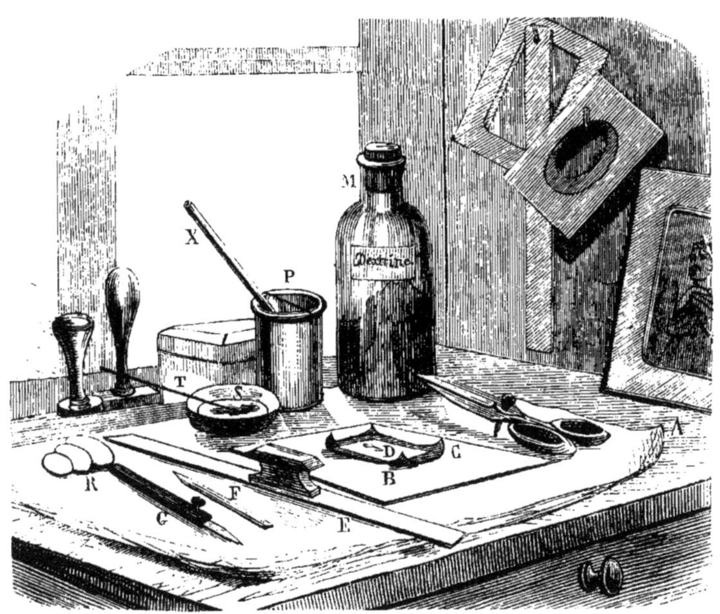

Fig. 38.

est une règle en fer, qui servira à couper le bristol pour les marges. F est une pointe à couper. G le manche dans laquelle on la met.

214. — Vous voyez (fig. 39) comment on tient cet instrument G D et comment on le manie. Il va nous servir également à débiter, dans une feuille de

Bristol, la grandeur qui nous semblera la plus convenable pour supporter notre épreuve maintenant ébar-

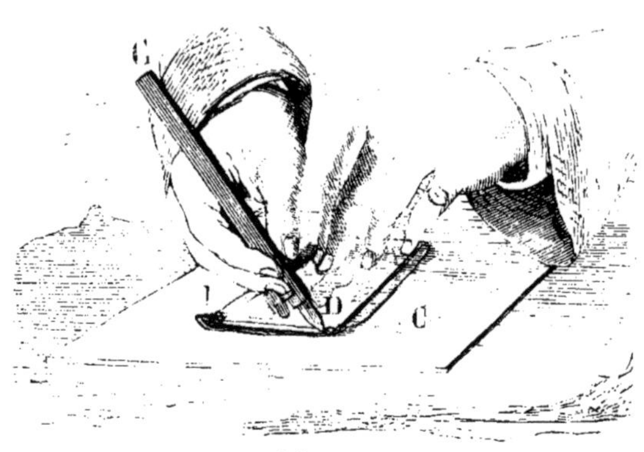

Fig. 39.

bée. Vous avez dû remarquer, cher élève, que tout à l'heure, en me servant de la pointe G D (fig. 39) autour du calibre D, je la maniais rapidement, tout d'un trait, en la tenant un peu couchée et sans appuyer de façon à en briser la pointe. L'essentiel est que le tranchant en soit très-vif, franc, et surtout sans bavures ou crans qui déchireraient le papier de l'épreuve.

215. — Vous me demandez quelle grandeur doivent avoir les marges? C'est une affaire de goût : leur largeur varie du dixième de la largeur de l'épreuve même, au double de cette largeur entière; vous voyez qu'il y a de l'espace libre devant votre fantaisie. Tout dépend de l'effet que vous voulez et que vous pouvez produire. En général, une marge latérale égale à moitié de la largeur de l'image est suffisante. Celle du haut doit être égale à celle des côtés, mais celle du bas doit être plus grande, d'un quart environ, sans cela l'image ne paraît pas au milieu de la feuille.

216. — Retournons l'épreuve sur un morceau de papier quelconque, mais propre, et préparons de la colle faite sur-le-champ en délayant de la dextrine M que nous avons là (fig. 38) avec un peu d'eau : on place cette colle dans un pot P sur les bords duquel on tend une ficelle qui en traverse l'ouverture. Cette ficelle sert à essuyer le trop de colle qu'emporte le pinceau. Celui-ci dont nous allons nous servir est plat, en soie de porc ; on le voit (fig. 38) en X : il faut, pour agir proprement, qu'il ne contienne que très-peu de colle. Nous enduisons avec soin l'envers de notre épreuve que nous reportons sur la marge aux points de repère tracés d'avance.

217. — On passe alors sur toutes les parties un tampon de linge propre. Il faut qu'il y ait eu assez de colle pour bien faire adhérer l'épreuve, mais pas assez pour que, sous cette pression, il en ressorte sur la marge. Si cet accident arrivait, on l'enlèverait de suite avec une petite éponge mouillée.

218. — L'épreuve est sèche, il ne reste plus qu'à boucher, au moyen d'un pinceau à aquarelle T et d'un peu de couleur dans un godet S (fig. 38) les petits points blancs qui ont pu s'y rencontrer et qui tiennent aux impuretés du papier. On se sert pour cela d'un mélange de *teinte neutre*, *brun rouge*, et *encre de chine;* la couleur se pose presque à sec.

219. — Il reste encore à satiner l'épreuve, soit sous une presse spéciale, soit sous la presse du premier lithographe venu. Le montage des épreuves stéréoscopiques est un peu plus compliqué. Vous en trouverez le détail dans la *Monographie du Stéréoscope*, pages 299 et suivantes.

R (fig. 38), sont des calibres ovales en glace dépolie.

T, une boîte à timbres, pour marquer ses épreuves de sa signature ou d'une griffe quelconque.

DES ACCIDENTS.

220. — Voilà le grand mot parti! Les accidents!... et avant de vous quitter, mon fidèle disciple,
je devrais vous signaler quelques-uns de ces monstres
sans cesse renaissants sous nos pas.

221. — Souvenez-vous que la route que je viens
de vous faire suivre, et qui, sous ma conduite, vous
a semblé toute battue et sans embarras, va vous devenir souvent fermée lorsque vous la suivrez seul. Pourquoi? — Tout simplement parce que, négligeant quelque précaution, vous ne vous en tiendrez pas *à la
lettre* de ce que je vous ai enseigné. Pourquoi encore?
— Parce que vous voudrez essayer, faire à votre idée,
et que vous irez de travers.

222. — Je vous l'ai dit quelque part, les manipulations chimiques ne pardonnent point, elles ne
sont pas élastiques, elles ont lieu ou elles n'ont pas
lieu; c'est à vous à ne donner naissance qu'à celles
qui vous sont utiles ou favorables.

Votre guide est au bout de sa tâche, vous avez dû
le suivre pas à pas d'abord, servilement; lui, de son

côté, a cherché à être clair ! S'il ne l'a pas été, soyez perspicace et attentif, vous suppléerez à ce qui lui a manqué.

223. — Quelques accidents cependant dépendent de la qualité des produits que vous emploierez. En province surtout, il est souvent difficile de se procurer des produits purs, ou surtout *frais*. Or, un certain nombre de ces composés s'altèrent avec le temps, changent de nature, et, dans de telles circonstances, peuvent vous causer des insuccès. Ayez donc soin, cher élève, de faire en temps opportun votre petite provision dans des maisons de gros dont les *marques* soient une garantie de *bonne foi*.

224. — N'oubliez pas l'*ordre et la propreté*, souvenez-vous que je vous ai prédit que ces deux qualités seules vous vaudraient la moitié du succès. Quant à la seconde moitié, la meilleure puisqu'elle parfait le tout, j'ai travaillé avec vous à vous l'indiquer, puissé-je avoir réussi ! J'ai eu besoin d'être aidé dans ma tâche, par la persévérance et l'intelligence : vous savez ce que je vous en ai dit.

Souvenez-vous enfin que :

> Patience et longueur de temps,
> Font plus que force ni que rage.

C'est encore La Fontaine, l'éternel conseiller de tous, qui vous apporte la dernière recommandation de ce petit ouvrage.

FIN.

FIN DE LA TABLE.

Paris. — Imprimerie de Ch. Lahure, rue de Fleurus, 9.

www.ingramcontent.com/pod-product-compliance
Ingram Content Group UK Ltd.
Pitfield, Milton Keynes, MK11 3LW, UK
UKHW021623170726
13836UKWH00005B/2019